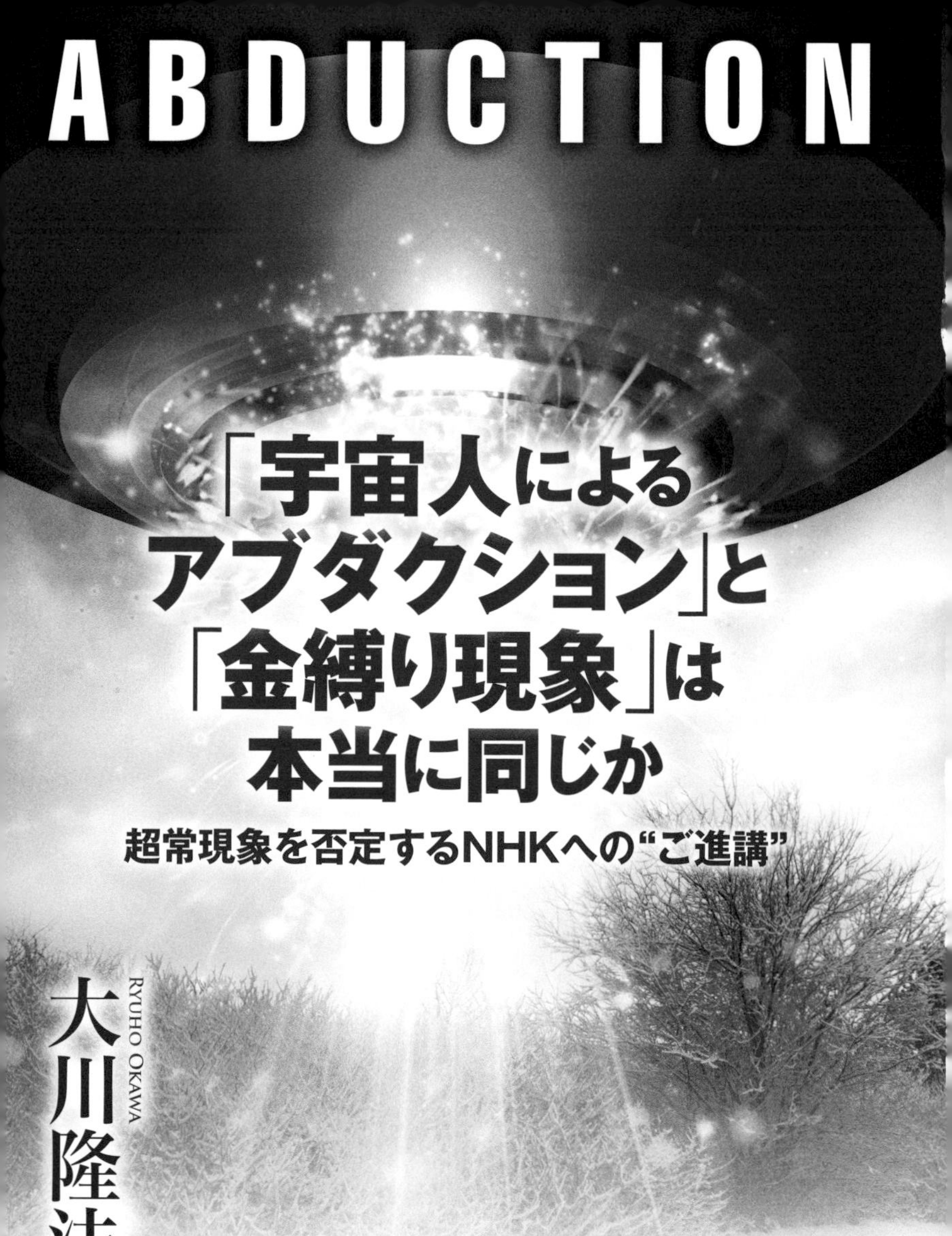

ABDUCTION

「宇宙人によるアブダクション」と「金縛り現象」は本当に同じか

超常現象を否定するNHKへの“ご進講”

RYUHO OKAWA
大川隆法

本霊言は、2014年4月10日、幸福の科学総合本部にて、
質問者との対話形式で公開収録された(写真上・下)。

まえがき

ＮＨＫの会長がかわって、「超常現象」のシリーズをやり始めたので、あのＮＨＫも、ちょっとはまともになったのかな、と思って何話か観てみたが、取材グループの知識と経験のストックの貧困さを見せつけられるようで悲しかった。このままでは案内役の栗山千明さんも悪役の片棒をかつがされているようなもんだ。

どうもＮＨＫには、民放が持っているだけのスタッフも情報もないらしい。宇宙人と幽霊を一緒にするようでは、日本の科学と医学が、世界の最低レベルを走っており、不毛なダメ宗教以上にいかがわしいのを証明しているようなものだ。

今回は特に、四月五日にＮＨＫ総合の「幻解！　超常ファイル」でエイリアン・アブダクションと金縛り現象を同一視する結論の番組に焦点をあてた。この番組は非科学的すぎる。脳学者や心理学者の大半は、妄想の中で給料泥棒しているのを知らないとは。受信料を返せ。ウチはテレビの台数が多いので大損だ。

二〇一四年　四月二十二日

幸福《こうふく》の科学《かがく》グループ創始者兼総裁《そうししゃけんそうさい》　大川隆法《おおかわりゅうほう》

「宇宙人によるアブダクション」と「金縛り現象」は本当に同じか　目次

第1章　「宇宙人によるアブダクション」と「金縛《かなしば》り現象」は本当に同じか

二〇一四年四月十日　収録
東京都・幸福の科学総合本部にて

File 03 アブダクション体験

5

File 04 金縛り体験

〝謎《なぞ》の生物〟が体に乗ってきた　113

File 05 金縛り体験

第2章　エイリアン・アブダクション追加リーディング

二〇一四年四月十二日　収録
東京都・幸福の科学　教祖殿《きょうそでん》　大悟館《たいごかん》にて

2

File 07 アブダクション体験

「タイムスリップ・リーディング」とは、リーディング対象に向けて、時間と空間の座標軸を合わせて霊体《れいたい》の一部を飛ばし、過去や未来の状況《じょうきょう》を透視することである。いわゆる六大神通力《じんつうりき》の「神足通《じんそくつう》（幽体離脱能力）」と「天眼通《てんげんつう》（霊視能力）」をミックスさせた、時空間を超《こ》えた霊能力である。

第1章

「宇宙人によるアブダクション」と「金縛《かなしば》り現象」は本当に同じか

二〇一四年四月十日　収録

東京都・幸福の科学総合本部にて

〔質問者〕
斎藤哲秀《さいとうてっしゅう》（幸福の科学編集系統括《とうかつ》担当専務理事）

〔対象者〕
《アブダクション》
坂本匠《さかもとたくみ》（幸福の科学国際エル・カンターレ信仰《しんこう》伝道局担当チーフ）
久保明日美《くぼあすみ》（幸福の科学出版主任）
竹内久顗《たけうちひさあき》（幸福の科学宗務《しゅうむ》本部第二秘書局局長代理）
《金縛《かなしば》り》
木村貴好《きむらたかよし》（幸福の科学大学主任※）
永井美好《ながいみよし》（幸福の科学常務理事　兼《けん》宗務本部総裁室担当局長）

［役職は収録時点のもの］

※幸福の科学大学（仮称）は、2015年開学に向けて設置認可申請中につき、
大学の役職については就任予定のものです。

1　NHKが「偽《いつわ》りの記憶《きおく》」と片付けた「アブダクション」を探《さぐ》る

「アブダクション」の謎《なぞ》を取り上げた番組「幻解《げんかい》！　超常《ちょうじょう》ファイル」

大川隆法　今年（二〇一四年）の四月五日のNHK総合テレビで、夜、「幻解《げんかい》！　超常《ちょうじょう》ファイル　私は宇宙人に誘拐《ゆうかい》された!?」という番組を放送していました。

いちおう、旅費を使ってサンフランシスコまで行き、「エイリアン（宇宙人）にアブダクション（誘拐）された」と言われる人たちが集《つど》いをしているところを取材し、その体験などをいろいろと聴《き》いていたので、「珍《めずら》しくフィールドワークをしているな」と思って観《み》ていました。

ところが、そのあと、話が急に変わって、「これは、どこかで聞いたことがありませんか」という話になり、「これは、日本に昔からある金縛《かなしば》り現象ではないですか。『幽霊《ゆうれい》が上から乗ってきて、体を押《お》さえつける』という現象と同じではないでしょうか」という話になったのです。

江戸川《えどがわ》大学の「心理学系の教授」の意見と、ハーバード大学の「心理学の女性の先生」の意見などを紹介《しょうかい》して、結局は唯物論《ゆいぶつろん》的なところに結論を持っていき、〝うやむや〟にしてしまった感じでした。

番組全体を総合してみれば、「まあ、そういう話はあるけれども、結局は脳のなかの問題ではないか。要するに、思い

2014年4月5日に放送された、NHKの「幻解！ 超常ファイル」。「File-01 私は宇宙人に誘拐された！?」と題して、エイリアン・アブダクションを取り上げるも、「睡眠麻痺」「偽りの記憶」等によって唯物的側面からのみ説明する内容となった。

違《ちが》いや勘違《かんちが》いか、夢見が悪かったか、そのようなものではないか」という持っていき方でしょうか。

そして、「脳のなかに、『扁桃体《へんとうたい》』という、恐怖《きょうふ》などを司《つかさど》る器官がある。睡眠《すいみん》が浅いときには、そこが活性化し、『睡眠麻痺《まひ》』という、筋肉が動かなくなる状態が起きやすくなる」と言っていました。

また、「前部帯状回《ぜんぶたいじょうかい》」という言い方をしていましたが、「脳には、経験したことと、つくり話とが、両方とも記憶《きおく》されているけれども、浅い睡眠のときには両者の区別がつかなくなって、つくり話で聞かされたことが、実際に経験したことのように再現されることがある。これを『偽《いつわ》りの記憶』『フォールスメモリー』と言う」。

このようなことを言って、いかにも心理学で解決したようなかたちで、最後は番組を締《し》め括《くく》っていました。

●**「偽りの記憶」「フォールスメモリー」**　実際には経験していないはずの出来事に関し、自分が経験したかのように思い起こすこと。誤った催眠療法の誘導などによって、捏造されることもある。ＮＨＫの「幻解！　超常ファイル　私は宇宙人に誘拐された!?」では、その点について、信州大学人文学部准教授の菊池聡氏が解説した。

「アブダクション」を「金縛《かなしば》り」と同一視した内容に「異議あり」

大川隆法　この番組は、その前の回にも超常現象を扱《あつか》い（当時は総合テレビではなくBSにて放映）、幽霊屋敷《やしき》か何かで有名な所で、「光が見えるか」「温度が変化するか」などを計測機器を使って調べていました。

研究者は、「何か冷《ひ》やっとしたものを感じた」とは言っていたのですが、「温度の変化は特に見られなかった」ということでした。

ただ、「実験としては甘《あま》いな」というのが私の率直《そっちょく》な感想です。

私は、真夏に、悪霊《あくれい》を降ろし、一時間半ほど霊言《れいげん》をしたことがあります。それは、徳島県の川島町《かわしまちょう》にある、私の生家《せいか》でのことです。

二階の真ん中にある六畳《じょう》の部屋でしたが、室温の温度計が二度ぐらい下がりました。実際に冷やっとして寒かったのですが、室温が本当に下がっていたのです。

したがって、この番組について、「あのくらいの実験では甘い」と私は考えています。

「決して科学的ではない」と思いました。

今回の内容に関しても、同様のことが言えます。

学者としては、いろいろとアブダクションについて相談されても、答えることができないので、結局、「脳がつくり出した妄想《もうそう》だ」というようなことにするのが楽なのだろうと思います。それでなければ、フロイトの心理学に戻《もど》って、「幼少時の記憶」か何かにするわけでしょう。

ただ、それには「異議あり」ということです。

「公共放送の番組として、これは〝売り物〟になっているのか。こういうものばかり流すのであれば、もしかしたら、真実に反することになるのではないか」という感じがします。

学者は、「退行催眠《たいこうさいみん》をかける際にも浅い睡眠状態に入るので、『フォールスメモリー』が出てきて、つくり話を『経験だ』と考えることがある。アブダクションの調査では、よく退行催眠で記憶を再現するけれども、怪《あや》しい」という言い方をしています。

そこで、今日は、「退行催眠」のようなものは使わず、「そのとき、本人は、どういう状況《じょうきょう》であったか」ということを確認の上で、時間と空間の座標軸《じく》を合わせ、「タイムスリップ・リーディング」を行い、「実際に何が見えるか」ということを透視《とうし》しようと思っています。

これは、「その時点で起きたことが、私の目には、どのように霊視《れいし》されるか」ということになります。そのため、何が出るかは分かりません。

なかには、学者がおっしゃるような〝妄想〟もあれば、単なる〝夢〟もあるかもしれませんし、〝勘違い〟もあるかもしれないので、何人か試《こころ》みてみようと思います。

アメリカでは数百万人の臨床《りんしょう》例がある「アブダクション」

大川隆法　この番組では、「エイリアン・アブダクション」と言っていましたが、特に気になるのは、これには、全米各地で、もう数百万人の臨床《りんしょう》例があることです。

「エイリアンにさらわれた」という人のなかには、その間《あいだ》に、明らかに何時間かたっていて、「これは夢ではない」と感じている人がいます。

そういう人に退行催眠をかけると、実際に、宇宙船のなかで実験されているシーンや、連れ去られるシーンがたくさん出てきたりします。

「アブダクションは、もう何百万例もある」と言われており、私は四百万とも八百万とも聞いたことがあるのです。

初めて報道されたのは一九六一年なので、もう五十年以上たっています。その後、アブダクションは、もちろん、映画などにも何度もなったので、「それを見た記憶があって、似たような場面を夢のなかで見る」ということもあるかもしれません。

しかし、数百万人となると、これはもう、ある意味での社会現象的なものであり、やはり何らかの原因があると思わざるをえないのです。

アブダクションのレポートのなかには、目撃《もくげき》例もあります。実際に、マンハッタンのマンションから、人体が牽引《けんいん》されて出ていき、空中に浮《う》いているところを、警官が目撃した例もあります。

それから、「ドライブの途《と》中《ちゅう》、ハイウェイのなかで急に意識がなくなり、気がついたら、ハイウェイの途中に停《と》まったままで、何時間かたっていた」というケースもあります。

こういうものについては、全部を一律《いちりつ》に扱い、同じように言うことはできないものがあるのではないでしょうか。

当会にも、やや似た体験をした人もいます。

そこで、「エイリアン・アブダクションを受けたことがあるのではな

◀「ヒル夫妻誘拐事件」1961年に起きた、アメリカで最初のUFO誘拐報道として広く知られる事件。退行催眠の結果、UFOの中に連れ込まれて、身体検査をされていたことが分かったという。

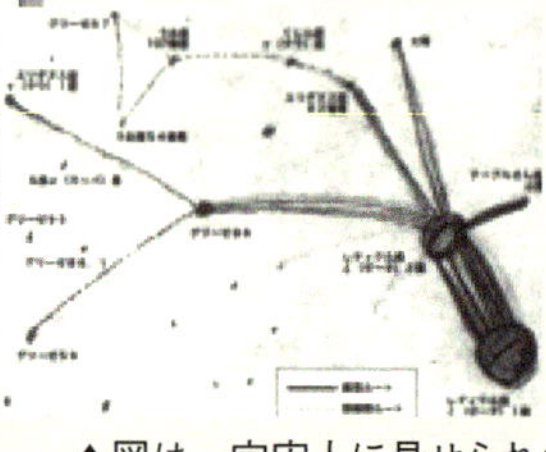

▲図は、宇宙人に見せられたという天体図の再現スケッチ。後に、図には未発見の星があったことが確認された。ヒル夫妻を誘拐したUFOは、レティクル座ゼータ連星系にある惑星の一つから来たとの説もある。

▲「リンダ・ナポリターノ事件」1989年、リンダ・ナポリターノが体験したアブダクション事件。退行催眠の結果、部屋に入ってきた宇宙人にアパートの12階から連れ出され、UFOの中で医学的な検査をされたという（建物は、リンダが誘拐されたマンハッタンのマンション）。

いか」と感じている方と、「金縛り現象を経験した」と思っている方と、それぞれについて、リーディングをしてみて、両者が同じ現象かどうか、調べてみたいと思います。

私は、「同じだ」という考え方は〝甘い〟と思うのです。

なぜかというと、私は、毎日、実際に「幽霊」などと話をしているからです（笑）。これを神経の作用や脳の作用にされたら困るのです。

「これとエイリアン・アブダクションとは違う性質のものだ」と明らかに思うので、「同じものにされたのではかなわない」と考えています。

「再現できないもの」を信じない〝科学教〟は正しいのか

大川隆法　これについては、一言、〝ご進講《しんこう》〟申し上げないと、「NHKは国民から受信料を取れないのではないか」と思います。「〝開かれたNHK〟として、一市民の調査結果を聴いていただきたい」と思っています。

もし、この番組のようなかたちで、超常現象なるものを、全部、「否定」していく方向に持っていくのであれば、大変なことです。

去年（二〇一三年）のテレビドラマや映画の「ガリレオ」シリーズも、違うほうに持っていこうとして、「科学で証明できないものは存在しない」というような感じでした。

誰《だれ》が始めた〝宗教〟か知りませんが、その〝科学教〟なるものは、「目の前で何回でも繰《く》り返して再現できるものでなければ、本物ではない」というような考え方です。こんな〝教義《きょうぎ》〟が、いつの間にか出来上がっているのですが、いったい誰がこれをつくったのか、教えていただきたいものです。

「特異な現象」「めったに起きない現象」だからこそ、繰り返し目の前で再現することはできないことなのです。

小保方晴子《おぼかたはるこ》さんの例（STAP《スタップ》細胞《さいぼう》）でも同じだと思うのですが、研究内容をノートに書いてあったら、その研究は全部、「本物」なのでしょうか。

例えば、エイリアン・アブダクションだろうが、金縛りだろうが、ノートに書いてあったら、「これは本物だ」と見なされるのでしょうか。そんなことはなく、信じない人は信じないでしょうから、結局、同じでしょう。結論は「信じないものは信じない」だろうと思います。

その〝科学教〟なるものの〝教祖《きょうそ》〟と〝教義〟は、よく分かりません。

「月に人類が行った」ということを信じない人も、いまだにいることはいるのです。人類が月面を歩いている場面は映画の撮影《さつえい》技術でつくれます。砂漠《さばく》か何かでロケをして、合成したら、つくれるので、「実際には月に行っていない。月には風がないはずなのに、旗がなびいている。おかしい」などと言う人もいたりするのです。

このへんは、もう、きりがない世界かと思います。

私は霊言集をたくさん出しています。守護霊《しゅごれい》霊言については、「信じられない」と言う人も多かったのですが、

月の裏側には、宇宙人の基地があり、地球人をアブダクションしているという衝撃の真実も明らかになった。『ダークサイド・ムーンの遠隔透視』（幸福の科学出版）

かなりの点数を発刊したので、「現象としては、あるのかな」という感じになってきているでしょう。

この番組に対しては、「一言《ひとこと》あってもよいかな」と思います。

今回のようなリーディングは、これまでに行ったことがないのですが、試《ため》してみましょう。

2 小型宇宙人に「検査」された

File 01 アブダクション体験 「リアルな夢」のなかで体験した「特異な出来事」

大川隆法　ええと、最初は何からでしょうか。エイリアン系からですか。

斎藤　はい。アブダクションをされた記憶《きおく》のある方が来ています。

大川隆法　では、〝眠《ねむ》らない〟うちに、自分が感じているところ、思っているところを話してください。どんな感じだったのですか。

坂本　ええと、数日前の……。

大川隆法　数日前？　つい最近じゃない？

坂本　はい（会場笑）。

斎藤　その際、特異な体験をなされたようであります。

大川隆法　数日前!?　はい、分かりました。

坂本　ええと、すごく「リアルな夢」だったのですけれども、夢のなかでも寝《ね》ておりまして……。

大川隆法　うん。

坂本　それで、布団《ふとん》を剝《は》がされて、体を横に向けられた感じで、ちょっと「長い棒」

みたいなものを……。

大川隆法　棒？　うん……。

坂本　それをお尻《しり》のほうに、なんかこう……。

大川隆法　お尻？

坂本　大腸《だいちょう》検査みたいな感じで……。

大川隆法　大腸検査!?

坂本　ええ。みたいな感じで、ちょっとこう……。

大川隆法　ちょっと〝変態系〟……（会場笑）。

斎藤　事前に聞いた話では、「お尻に手か何かを突《つ》っ込《こ》まれた」と言ってましたよね？

坂本　なんか棒を……。

大川隆法　棒を突っ込むの？

坂本　棒か指か、ちょっと分からないんですけれども。それで、「やめてくれ！」という感じになって起きたのですが、それからも何か「感じ」が残るというか、〝変な感じ〟がして……。

大川隆法　部屋のなかで、された感じですか。

坂本　そうですねえ。ちょっと、夢のなか……。

大川隆法　どこに住んでいるのですか？　隣《となり》の部屋に〝変なおじさん〟とかは住んでいませんか？（笑）（会場笑）

坂本　いや、それはないと思います。

大川隆法　そうですか。うーん、部屋に入れない状態ですか？

坂本　はい。

大川隆法　ふーん……。

斎藤　それで今、宇宙人に対する、すごい「恐怖心《きょうふ》」が出てきてしまったわけですね？

坂本　そうですね。

大川隆法　うーん……。

「現実世界で起きた」と考える余地はないのか

坂本　それから、また眠りについたのですが、そのあとの夢のなかで、宇宙人が出てくるというか、少し〝変な感じ〟になっておりまして……。

大川隆法　何か体に感じたわけですね？　目で見えたものではない……。

坂本　ええと、棒か指か分からないんですが、「長いもの」が見えたような気はしました。それ以外は、ちょっと見えなくて……。

大川隆法　うーん。昔は痔《じ》か下痢《げり》かを治すのに、何か塗《ぬ》ったものをお尻に突っ込んで、グリュグリュグリュグリュとしたものです。戦後は、そういうものが流行《はや》ったことはあるのですが、さすがに話が古すぎますね。そういう人の幽霊《ゆうれい》でも出てきたのかどうかは分かりません。

ただ、宇宙人がお尻をいじるというのは、私は初めて聞きました（会場笑）。

斎藤　「肉体感覚」として、記憶が残っているということですね？

大川隆法　残ったわけね？

坂本　少し、変な感じが……。

大川隆法　それは、男に襲《おそ》われたとかいう、そんな感じではないのですか？（会場笑）

坂本　いや。たぶん違《ちが》うと（笑）……。

大川隆法　そういうことは、アメリカなどでよく報告されるのです。
　私の友達の話ですが、ニューヨークへ行ったときに、男性から「泊《と》まっていけ」と言われたので泊まったところ、夜中にパンツを脱《ぬ》がされている感じがして、はっと目を覚ましたら、その男性に襲われていたそうです。要するに、「ホモだった」という話ですが、そういうこともあるので、まあ……。

坂本　いちおう、一人暮らしですし、鍵《かぎ》はかけておりましたので……（笑）（会場笑）。

大川隆法　ああ、そうですか。

今は、どんな関係の仕事をしているのですか。

坂本　国際本部におります。

大川隆法　国際関係ですね？　分かりました。それで……、数日前なのですね？

坂本　はい。

大川隆法　それでは、今日は、宇宙に関連しますので、リエント・アール・クラウド（エル・カンターレの魂《たましい》の分身《ぶんしん》の一人）、それから心霊《しんれい》現象全般《ぜんぱん》にも関係すると思うので、エドガー・ケイシー、この二人に指導霊《しどうれい》をお願いしようと思っています。ご協力のほどお願いいたします。

これは、名前を出してはまずいのですか。秘密なのですか。

斎藤　ええ、大丈夫《だいじょうぶ》かと思いますが。

坂本　はい、大丈夫です。

斎藤　坂本さんという方です。

大川隆法　坂本さんですね。

それでは、坂本さんが数日前に体験されたという、「宇宙人体験ではないか」と感じているものについて、アブダクションではないのかもしれませんが、「侵入《しんにゅう》され、何か実験されたのではないか」という記憶を持っているようなので、これに真実性があるかどうかのリーディングを始めたいと思います。

エドガー・ケイシー（1877～1945）
アメリカの予言者。心霊診断家。催眠状態に入ってのリーディング（霊査）により、病気治癒や過去世など、さまざまな質問に対して回答を与えた。

リエント・アール・クラウド
7000年前の古代インカの王。エル・カンターレの魂の分身の一人であり、実在界において、他惑星との交流に関して責任を負っている。
（大川隆法製作総指揮・映画「太陽の法」より）

（右掌《みぎてのひら》を坂本にかざし、約四十秒間の沈黙《ちんもく》）

小型の宇宙人の姿が視《み》えてきた

大川隆法　（右手の親指を額《ひたい》につけて）うーん……、確かに、そう大きなものではないのですが、うーん……、何に似ているかというと、「スターウォーズ」のなかに出てくる小さなマスターで、「ヨーダ」というのがいるでしょう？　耳が、ああいうふうに横になって、ちょっと前に被《かぶ》さっているような感じで、あのような顔をした、そう大きくないような感じです。うーん……、まあ、目はありますねえ。そういう、「ヨーダ」に似たようなものが、今、ちょっと視《み》えてきています。もう少し視てみます。

（両掌を坂本にかざし、約五秒間の沈黙）

うーん……、ベルトもしていますねえ。

斎藤　ベルトもしていますか。

大川隆法　うん、ベルトをしている。（お腹《なか》のあたりで両手の人差し指と親指によって円をつくり）ここに、金属製のものがついているベルトが明らかに視えます。ベルトをしていますねえ。

うーん……、胸のところは、うーん……、少し上《うわ》っ張《ぱ》り風のスーツを着ているのですが、その下は、意外に、何だろう？　うーん……、水に潜《もぐ》るときのウェットスーツのような、何かゴムのような、張り付いた感じです。

（両手で胸の前を縦方向になでおろしながら）縦で、横に何か骨のような形で、こう（肋骨《ろっこつ》をなぞるようなしぐさで）出ているような感じの、そういうゴム製のスーツのようなもの……。ちょっと材質までは分からないのですけれども、そういうものが

ヨーダに似た姿をした小型宇宙人は、身体検査の目的で、高度に進化した内視鏡のようなものを男性の肛門部分に挿入した。

視えた上に、上っ張りのようなものを着ているのが視えます。

うーん、顔はどうしても、あの「ヨーダ」に近い顔に視えてしかたがありません。

（約五秒間の沈黙）

（宇宙人に語りかけて）それで、この人（坂本）のところに、数日前に出ましたか？

どうですか？

あなたは誰《だれ》ですか？　何をしに来ましたか？

（約十秒間の沈黙）

うん？　話しているうちに耳が大きくなってくる。耳が、さっきより、ちょっと大きくなってきた。

斎藤　耳が動くんですね？

大川隆法　うーん、ちょっとビーッと張《は》ってきましたねえ。もうちょっと、耳が張ってきました。

まあ、全長は、そんなに大きいものではないように思いますね。

斎藤　一メートルぐらいですか？

大川隆法　一メートルもあるかなあ……。

斎藤　数十センチでしょうか？

大川隆法　うん、一メートルはないかもしれない。

斎藤　小型《こがた》ですね。

大川隆法　うん。小型ですねえ。

小型宇宙人が接触《せっしょく》してきた意外な理由

大川隆法　（宇宙人に）それで、何なんですか？　あなたは何をしに来た？

（約三十秒間の沈黙）

うん？「これは三回目なんだ」って言っていますけど（会場笑）。

斎藤　今回は、三回目だそうです。

大川隆法　うーん、三回目だって。初めてじゃない。「三回目なんだから、そんなに言わなくてもいいじゃないか」という言い方をしていますね。

斎藤　いったい何を目的に来ているのでしょうか。

（坂本に）この前は、お尻……、まあ、肛門《こうもん》のほうですか？

坂本　そうです。

斎藤　何かを〝差し込まれた〟と、本人は言っていますけれども……。

坂本　そういうふうに感じます。

斎藤　このあたりは、いかがでしょうか？

大川隆法　（宇宙人に）何のために……、何をしようとしたのですか？

（約十五秒間の沈黙）

「あのー、悪いように考えないでいただきたい」と言っています。うーん……、「健康管理をしているんだ」と言っていますね（会場笑）。

斎藤　健康管理ですか？

大川隆法　まあ、「定期検診《けんしん》に……」。

斎藤　定期検診ですか。

大川隆法　「検診に来たんであって、そう悪く考えないでいただきたい。だから、ときどき調べたくなることがあるんだ」と言っています。

何を調べようとしているかというとですねえ……、(約十秒間の沈黙) うーん……。「人間の排泄器官《はいせつ》の構造について、大便が出る通路と、お小水《しょうすい》が出る通路と、まあ二つあって、さらに、そのお小水が出る通路を使って、生殖《せいしょく》のための精液も出るというようなつくりになっているんだけれども、動物が肛門から性器を差し込んで生殖ができるシステムと、この人間のシステムとは、どこがどう違っているのかを、ちょっと興味を持って調べているんだ。動物にも〝差し込み〟は入れている。犬とか幾《いく》つか調べたあとで来た」と言ってはいます(会場笑)。

斎藤 なるほど。

大川隆法 「犬の肛門と、この人の肛門は違うのかどうか。どこがどうつながっているのか。そのへんを見に来ている。差し込んだものは、人間の使っているものよりも、もう一段進化した、内視鏡《ないしきょう》のようなもので、一見、プラスチックの棒か何かのように見えるかもしれないけど、いちおう内視鏡みたいなもので、いろいろなもののなかが透視《とうし》して見えるようなものなんだ」と言っていますね。
だから、その肛門からなかの構造が、「犬の構造」と「人間の構造」で、どう違っているのか。ほかの動物とどう違っているのか。今、この人（宇宙人）は、肛門系中心の排出系のところの器官について、どうやら地球の動物と人間とを比《くら》べているらしいですねえ。
そうしている理由は何かというと、だから、交配《こうはい》の可能性？　何か人間とほかの動物との「中間の生き物」がつくれるのかどうか、という研究をやっているような……。

斎藤　人間と動物の中間の生き物？

大川隆法　うん、うん。この交配が可能かどうか、「混合種《こんごうしゅ》」がつくれるかどうかの研究のためにやっているので。

斎藤　基礎《きそ》観察、基礎実験ですね。

大川隆法　例えば、雄《おす》の犬が、この人（坂本）の肛門に打ち込んだ場合、子供はできるかできないのか。なぜできないのかっていうようなことは、構造的にきちんと説明しなきゃいけない。なぜ雌《めす》犬だったらできて、人間ならできないのかみたいな感じの、そういうことを。

まあ、この人（坂本）は、ちょっと「雌」と間違えられたのかもしれない（会場笑）。雄か雌か、ちょっと分からなかったのかもしれません。

何か、心のなかに求めるものがある……。

斎藤　〝求めるもの〟がある（笑）（会場笑）。

大川隆法　それがあるので、若干《じゃっかん》、そのへん（雄雌）が分からなかったか。あるいは、「雄同士でも子供ができるのかどうか」、そのような研究が一緒《いっしょ》に入っている可能性もあるのですけど。どうも、そのようなものを研究しているようです。

あと、人間以外に、犬も見ていますね。雄と雌を異種《いしゅ》配合して……。何か見えるのは、昔のエジプトの、頭が黒犬のような……。

斎藤　アヌビスですね。

大川隆法　ああいう、「犬と人間の合いの子」のような、混合種がつくれないかどうかを研究テーマとしてやっているらしく、サンプル調査をいろいろしているようですね。

なぜ、同じ人物に調査・実験が繰《く》り返されたのか

大川隆法　うーん、あなたの場合は、もしかしたら「雌雄《しゆう》同体なのではないか」と見られた……。

斎藤　雌雄同体の可能性があるということですか（会場笑）。

アヌビスは、エジプト神話に登場するミイラづくりの神。犬またはジャッカルの頭部を持つ姿で描かれる。

大川隆法　うん。宇宙の生き物のなかには、雄と雌が分かれているものばかりではなく、「同体」のものがあって、雄にも雌にもなれるものもいるのです。もしかしたら、雌雄同体ではないかと思って探《さぐ》られたところもあるようですね。うーん、「排泄器官」だけではなくて、「感覚器官」も調べられていますねえ。

棒を差し込まれたときに、何か快感を感じましたか。

坂本　いえ、快感は（笑）（会場笑）……、感じてないです。

大川隆法　やはり、あなたが快感を感じるか、違和感《いわかん》を感じるか。

斎藤　うーん、なるほど。

『H・G・ウェルズの未来社会透視リーディング』（幸福の科学出版）
2013年5月22日、H・G・ウェルズの霊言を収録。アブダクションにより、宇宙人との合いの子（ハイブリッド）がつくられている事実に言及されている。

大川隆法　まあ、このへんの〝感度〟のところの調査が必要で、快感を感じる人もいるのです。差し込まれると、男性でも「快感を感じる」というのであれば、これは、雌雄同体の可能性があるので。

ただ、「嫌《いや》がった」ということで、「嫌がりマーク」は何か付《つ》けてあります。

斎藤　（坂本に）「嫌がりマーク」が付いたみたいですね（笑）（会場笑）。

大川隆法　うん、それが、付けてある。前は、ほかのところも調べたらしいんですけどね。

斎藤　ああ……。

大川隆法　「嫌がりマーク」を付けられたので。

いちおう、もしかしたら、「男性でも女性でもない、中間種ではないか」と疑われた可能性があって、ちょっとウオッチされている。

斎藤　なるほど。

大川隆法　「前にも、調べたことがあって、口からも調べたことはある。口から、つまり、上からも調べたことがある」と言っていますね。

坂本　いえ、それは分からないです。記憶にないです。

大川隆法　うーん、「最近のことではないはずだ」ということです。

斎藤　今の話を聞きますと、棒を差し込んだりすれば、目が覚めてしまう可能性がありますが、そこまで熟睡《じゅくすい》させてしまう技術か何かをお持ちなのでしょうか。

大川隆法　うーん。「普通《ふつう》は夢のなかに吸収されてしまって、そんなに分からないことのほうが多いんです」と言っています。

だから、男性でも、一人暮らしの男性のなかには、そういうことを眠っている間に求めているような人もいらっしゃるので。「ただの夢だ」と思う人もいることはいるし。

外国では、確かに男性でも、そういう快感のようなものを持つ方もいるので、日本人の場合はどうなのかな、ということも、多少、調査のなかに入っているんです。まあ、〝気づかれた〟というのは、ちょっと問題はあったかと思いますね。

あのー、意外にですねえ、うーん……、意外に、背骨の下のほうの、尾骶骨《びていこつ》に近いあたりのところの皮膚《ひふ》感覚に、この人は、何だか「感度のいいツボ」があるらしい……。

斎藤　感度のいいツボがある。ということは、特異な体質ですね。

大川隆法　うん、ツボがある……。

坂本　（苦笑）いいえ。

斎藤　ご自身で自覚はないかもしれませんが、宇宙人が狙《ねら》ってきております。

大川隆法　ああ……、「ツボがあるために、普通だったら感づかないようなものを、感づかれてしまったんだ」というようなことを言っていますね。

斎藤　通常は、夢のなかに吸収されて、分からないはずなのに、分かってしまった。

大川隆法　うーん。

斎藤　よかったですねえ、分かって。

坂本　そ、そうですね（苦笑）（会場笑）。

調査・実験対象に選んだ「宇宙人の側の事情」

斎藤　分かった以上、もう、四回目以降はないのでしょうか。これからも〝仲良く〟してあげるっていうことは必要でしょうか。

大川隆法　（右手の親指、人差し指、中指を坂本に向けて上下に揺《ゆ》らしながら宇宙人に語りかけて）何か、もっと調べたいことはありますか？

（約五秒間の沈黙）

うーん。「もう一カ所、調べたいところが残っている」と言っていますす（笑）（会場笑）。

斎藤 まあ、そうですねえ。これ以上、関係が深くなっては、ちょっと恐怖が……。

坂本 ええ、もういいです。

大川隆法 ちょっと危険ですねえ。

本人は嫌がっているのですが、どうして……？

「いや、そんなに暴力的ではない方なので、それがいいんだ。実験中に、すごく凶《きょう》暴《ぼう》になるようなタイプの人は危険なんだけど、こういうタイプの人は、恐怖心を感じたり、叫《さけ》んだり、逃《に》げたりすることはあっても、めったに襲いかかってきたりはしないので……」

斎藤 「性格がいい」ということでしょうね（笑）。

大川隆法 「性格が穏《おだ》やかで、受け身なので、調査の対象としては、比較《ひかく》的いいんだ。

凶暴なタイプの人間の場合は、気をつけないと危ないこともあるので」と言っています。

斎藤　数十センチしかない宇宙人の方ですからね。

大川隆法　うんうん。結局、「ヨーダ」のような感じなので。だから、普通に見たら、確かに、「妖怪《ようかい》」か「ゴブリン」か「座敷童子《ざしきわらし》」ぐらいにしか見えないかもしれない。うーん。だけど宇宙人ですね。

（宇宙人に）どこから来たのですか？

（約十五秒間の沈黙）

「いや、今は、もう地球には来ている者なので、地球にいて、（アメリカの）アーカンソーのほうにいたんだけど、今、日本のほうに移ってこれないかどうかを、ちょっと考えているところなんだ。〝辞令《じれい》〟として、地球配属になっている者だ」と言っていますね。

だから、まあ、「肛門系のお医者さん」のような……（笑）。

斎藤 〝お医者さん〟だそうですから、大丈夫なようですね。

坂本 はい（苦笑）。

大川隆法 特に危害を加えるつもりはないとのことですから、もう……。

斎藤 （坂本に）末永く、人類のために（笑）、どうぞ、ええ。

もう一度だけ狙《ねら》われる可能性がある？

大川隆法 あったとしたら、あと一回……。

斎藤　あと一回ぐらいあるのですか？

大川隆法　ああ、あと一回ぐらいしか……。

坂本　あと一回、あるんですね？（苦笑）

大川隆法　「いや、可能性としては一回あるが、見つかったからどうするか、ちょっと迷っている」と言っていますね。

あのー、次に調べられるのは「前」です。

斎藤　「前」だそうです。

大川隆法　（笑）（会場笑）可能性としては「前」なのですが、うーん……、「こちらのほうは感度がいいために、さらに発見率が高くなるから、よほどグテングテンに酔《よ》うとか、熟睡するとかしていないと難しいです」と言っていますね。

斎藤　何か、戸締《とじ》まりしても、無駄《むだ》な感じがしますね（笑）。

坂本　そうですね。

斎藤　「心の修行《しゅぎょう》」を進めて、平静心《へいせいしん》をお持ちいただければと思います。

大川隆法　国際本部に所属しているなら、もうちょっと外国へ行って、何か〝楽園〟で襲《おそ》ってもらうようにしたほうがいいかもしれませんね（笑）。

斎藤　アーカンソーから日本に来られた、小さな宇宙人の方で、お医者様らしいですから。

大川隆法　「できたら、女性の宇宙人にお願いしたい」と言うとかですね（笑）。まあ、調査しているんですねえ。

斎藤　はい。

大川隆法　ただ、円盤《えんばん》まで連れていかないと、これでは調査が〝手抜《てぬ》き〟なのではないですか。

斎藤　（笑）（会場笑）たぶん、体が小さいので部屋に入りやすかったのかもしれません。

大川隆法　うーん、まあ、「短時間でできる」と見たのでしょうか。ところが見つかってしまったわけです。

斎藤　はい。以上、「生殖の可能性」の調査をするために来られたということでした。

坂本　はい。

大川隆法　これは、成功すると、「犬との配合」を考えるのでしょうか（笑）。よく分からないのですけれども。

なかなか、やりますねえ。うーん、そうですか。

斎藤　だいぶ調査が進みましたので。はい。

大川隆法　一つ終わりました。

斎藤　ありがとうございました。

大川隆法　まあ、もし次に来たら、「エル・カンターレ」の名前を呼んでください。

坂本　はい。ありがとうございます。

大川隆法　ええ、呼べば、必ず答えがありますから。何か救援《きゅうえん》を差し向けます。必ず、誰かを送りますからね。

斎藤　「宇宙人撃退秘鍵《げきたいひけん》」や「悪質宇宙人撃退祈願《きがん》」（いずれも幸福の科学で執《と》り行われている祈願）もありますので。

坂本　はい。ありがとうございます。

大川隆法　はい。

斎藤　ありがとうございました。それでは、一人目の坂本さんが終わりました。

3 File 02 アブダクション体験

宇宙人に「ハグ」された

宇宙人に「遭遇《そうぐう》」した不思議な体験

斎藤　二人目は、久保明日美《くぼあすみ》さんです。どうぞよろしくお願いいたします。

大川隆法　今度は女性ですけれども、どのような体験をなされたのでしょうか。

久保　はい。中学二年生の夏に、自宅で夜、寝《ね》ていまして……。

大川隆法　うーん、中学二年生の夏に、自宅で夜、寝ていて？

久保　たぶん、夢のなかだったのですが、その当時、すぐそばに公園があるマンションに住んでいて、部屋の窓から公園のほうを見ていまして……。

大川隆法　うーん、窓の外が公園になっていて……。

久保　はい。「公園の街灯《がいとう》がきれいだなあ」（笑）と思って見ていたのですが、気づくと、自分が部屋のなかに立っていました。

大川隆法　部屋のなかで立っていた、はい。

久保　それで、目の前にグレイ●がいて……。

大川隆法　グレイがいた。

久保　当時、私は、身長が百五十センチに満たないぐ

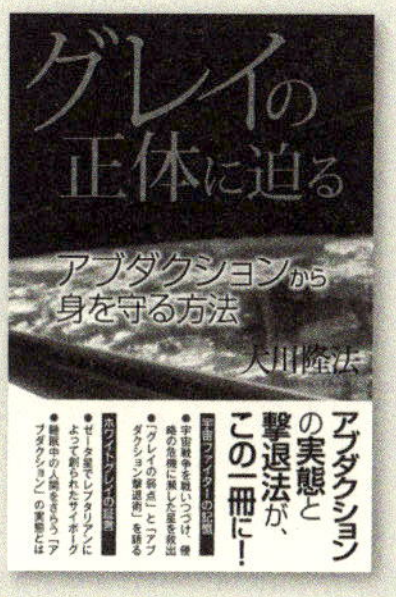

2011 年 1 月 20 日、ホワイトグレイに対するリーディングを行った。『グレイの正体に迫る』（幸福の科学出版）第 1 章に所収。

●**グレイ**　宇宙人のタイプの一つであり、多数の目撃報告がある。身長は１メートル 20 センチぐらいと小柄で細身。頭部は巨大で、黒曜石のような色をした大きな目を持つ。なお、グレイは、「サイボーグの形態」であることが明らかになっている。

らいだったのですけれども、ちょうど同じぐらいの背の高さのグレイがいて、特に恐《きょう》怖《ふ》心はなく、「グレイっぽい宇宙人がいるなあ」と思っていましたら、ハグをされまして（笑）。

大川隆法　ハグされた。

久保　ただ、とても優《やさ》しい感じのハグだったので、「あ、気持ちいいなあ」と思っていました（笑）。

大川隆法　気持ちいい（笑）（会場笑）。

久保　（笑）マットな感じの、優しい……。

斎藤　「感触《かんしょく》」を覚えているのですか？

久保　はい。「感触」をしっかり覚えています。マットな感じの皮膚《ひふ》をしていて、それで、その感触に浸《ひた》っていたら目が覚めました。

次の日、学校で、男友達に、「事実」というか、「夢」というか、「宇宙人に会ったんだ」と言ったら、とてもバカにされて、それで、それ以降は黙《だま》っていました（笑）。

大川隆法　うーん。

斎藤　今回、初めて話されたのですか？

久保　実は、二〇一〇年に「宇宙人リーディング」シリーズが始まったときに、里《さと》村《むら》さん（里村英一《えいいち》　幸福の科学専務理事〔広報・マーケティング企画《きかく》担当〕）に、一度、お伝えしたことがあったのですが、里村さんの推測では、「それは、全身スキャン（読み取り）されたのではないか」ということでした。

大川隆法　うーん。

久保　中学生の女子は……。

大川隆法　うん、中学二年か……。

久保　身体的にも、成長が著《いちじる》しいので、そのときにスキャンをしておいて、その後の経過を見るために、「データベースとしてとられたのではないか」という推測のご意見を頂きました。

大川隆法　ああ。何年ぐらい前になるのですか？　おおよそ。

久保　中学生なので、十年ぐらい前です。

大川隆法　十年ぐらいになりますか。

その場合、あなたの意識のなかでは、まだ、マンションのなかにいた感じで、先ほどの人と同じく、外まで出ていないような感じ……（本書 File 01 アブダクション体験「小型宇宙人に『検査』された」参照）。

久保　あ、出ていないです。

大川隆法　出ていないイメージなのですね？

久保　はい。

大川隆法　それで、そのあと、ハグされた感じがあったと。でもハグは、立ってハグされたわけですね？

久保　そうなのです。

大川隆法　「感触」は残ったままで、そのあと、どうなったのですか？　また、寝ていたのですか、そのあとは……。

久保　はい。寝ていました。

斎藤　ハグされたあとは、記憶《きおく》がないのですか？

久保　うーん……、ないです。

大川隆法　分かりました。

リーディングで見えてきたグレイ型宇宙人の「真相」

大川隆法　それでは、調べてみましょう。お名前を聞いてもよろしいですか。

斎藤　久保明日美さんです。

大川隆法　所属はどちらですか。

斎藤　今、出版局の主任をされています。

大川隆法　出版局ですね。分かりました。

（瞑目《めいもく》し、両手を顔の前に上げる。約三十秒間の沈黙《ちんもく》）

うーん、これは確かに、グレイ型のものがちょっと視《み》えてくるんですけれども……。

（瞑目のまま、右手を久保にかざす）

うーん、グレイ型だけれども……。顔や頭はグレイ型なのですが、下は違《ちが》う……。まあ、目とか頭の感じは、グレイの感じに、よく似ているのですけれども、下がですねえ、昔の（H・G・ウェルズの）「火星人」の絵にちょっと似ているみたいで……。

斎藤　はあ。

大川隆法　手足が何本もあるような感じで、立っているんですよ。ああいうものかなあ。八本あるかどうか、ちょっと、本数は分からないのですけれども、何本もあるような感じで、立っているんですね。

だから、「これをグレイと分類していいかどうか」は、ちょっと分かりかねるものですね。

（宇宙人に）あなたは、何をしに来た？　どういう方なの？

（瞑目し、右手を久保にかざす。約十秒間の沈黙）

「一般《いっぱん》には『火星人型』と分類されている宇宙人ではある」と言っていますね。「ハグされた感触というのは、何本もある手足が、この人にグルグルに抱《だ》きついた感触です」ということを言っています。

斎藤　ああ。たくさんの手足に抱きとめられたかたちで……。

大川隆法　うん、何本もあったらしい。一本や二本ではなかったようですね。それで巻きついたらしいです。

グレイによく似た頭部をしてはいるが、タコのように多くの手足を
持つ宇宙人。ハグは、さまざまな観点からの検査の一環だった。

なぜ宇宙人は「ハグ」をしに来たのか

大川隆法　（宇宙人に）なんで、そんなことをするわけ？　なんで、そんなことをするのですか？

（瞑目し、久保にかざした右手を、円を描くように動かす。約四十秒間の沈黙）

うーん、やはり、「子供から大人になる年齢《ねんれい》層の女子の、脂肪《しぼう》の付き方とか、体の弾力《だんりょく》性とか、皮膚の弾力性とか、そういうものを自分たちと引き比べてみて、どのくらい近いか、近くないか。この人（久保）の皮膚と筋肉、脂肪等の肉付きは、抱いてみて、どの程度の反発力があるような肉質かを調べたかったのと、もう一つは……」。

（瞑目し、約二十秒間の沈黙）

うーん、「頭のなかを探《さぐ》って、『この人が、どういう男性というか、男の子を好みの像として求めているのか』という情報を手に入れて、『次回、現れるときは、そういう姿で出よう』というように……」。

斎藤　ああ。事前調査ですか。

大川隆法　うん。そのような感じです。

「彼女が好きなタイプの男性のスタイルで夢に出てきて、彼女が『抱きしめられた』と感じるような現れ方をしようと思った。そして、その間《あいだ》に情報を抽出《ちゅうしゅつ》しようとしていた」というように言っていますね。

（宇宙人に）それで、なんで、この人をそのようにして調べなくてはいけなかったのですか。

（瞑目し、久保に右手をかざす。約十秒間の沈黙）

あなた（久保）には、もう、〝何か〟付いているらしいよ。何か追跡《ついせき》できる……。

斎藤　インプラント（埋《う》め込《こ》み）をされてしまっているのですか。

大川隆法　うーん、何か、もう入っているらしいね。「一生がどうなるのか」を、ずっと追跡できるようになっている人の一人らしく、その後、どうなっていくかを見ています。

幸福の科学に来たのも、きちんと、その一環《いっかん》で来ていて、情報を〝取り〟に来ているわけです。向こうも情報は取れるし、いちおう導きもしているようなので、「お互《たが》いにメリットはあるんだ」とは言っています。

「あなたが、出版関係の仕事でいることにより、そうした

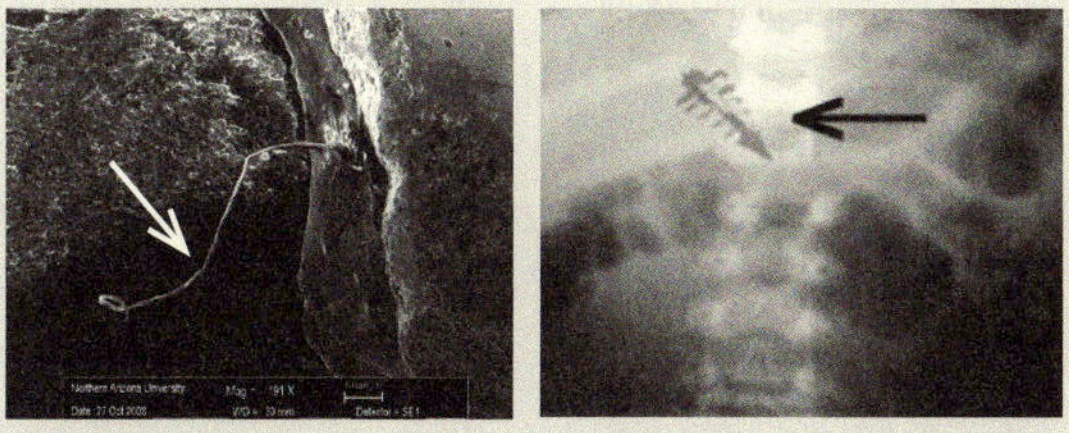

インプラント
ここでは、宇宙人によって体内に埋め込まれた超小型の器具や装置を指す。人間の身体のデータ等、さまざまな情報収集に用いられているとされる。

宇宙人ものを出したくなるような念波《ねんぱ》が出て、周《まわ》りがだんだん協力したくなるような感じにはなってくるはずだ。ある意味では、そのようにして選ばれし者ではあるのだ」と言っていますね。

うーん。そんなことをするわけですか。十年も前から仕込むのですね。

宇宙人も持っている「スキンシップ」を求める気持ち

大川隆法　何か、訊《き》きたいことはありますか。

斎藤　（久保に）宇宙人は、好きなのですか。

久保　（笑）「外見《がいけん》が美しい宇宙人」は好きです。

大川隆法　そうでしょうね。たぶん、そうだと思います。だから、その「美しい外見」はどういうものかを知りたがっていたようですね。

斎藤　グレイそのものではないようですね？

大川隆法　ずばりのグレイではないですね、これはどう見ても。

斎藤　手足が何本かあるということですが……。

大川隆法　うーん。いわゆる、本当の宇宙人なのか、それとも、これも、何か探索《たんさく》用のものなのか。

そこは少し分かりかねるのですが、確かに、身長は、先ほどお話しされたとおり、一メートル五十センチぐらいのものだとは思われます。

宇宙人にも、何か、スキンシップを求めるような気持ちがあるのではないでしょうか。

斎藤　（久保に）スキンシップを求める心はありますか？

久保　（笑）

大川隆法　向こうも、何か、「接触をして、喜んでもらえるとうれしい」みたいな感じはあるようですね。

ただ、まともに昼間に会って、それをやったら、絶対、怖《こわ》がるに決まっているので、そういうときではないときに、抱きしめたりしたら、何となく、うれしい感じが、あちらもするらしいです。

スキンシップをしているのだけれども、まだ、表立って人類と友達になれるような状況《じょうきょう》にないので、いろいろ研究している状況ではあるらしいのです。

対象者も元は「宇宙人」だった!?

斎藤　やはり、肉体の成長期の女子の特性みたいなものを調べていたのか、それとも、この方そのものの魂《たましい》と何か縁《えん》があるのか。この選定のポイントは、何だったのでしょうか。

大川隆法　ポイントは……。

（瞑目し、久保に右手をかざす。約二十秒間の沈黙）

うーん、地球人として生まれる前に、何か、〝知っていた〟ようなことを言っていますね。

ああ、（久保は）もしかしたら、〝地球人化〟した方なのかもしれない。宇宙人が〝地球人化〟した方なのかもしれませんね。

斎藤　なるほど。転生《てんしょう》の前に？

大川隆法　知っている方であるような言い方をしていますね。（久保に）あなたも元は宇宙人かもしれません。

久保　実は、二〇一〇年に、総裁先生からリーディングを受けたことが一度ありました。しかし、そのときは、「二千年前までに区切って、宇宙人だったかどうかを調べる」という霊査《れいさ》であり、「宇宙人ではありません」ということでした。ですから、二千年前より、さらに昔だと思います（『宇宙人との対話』〔幸福の科学出版刊〕参照）。

大川隆法　うーん。先ほどから、「二〇一〇年」という数字が出ているのは、そういうことだったのですか。

おそらく、ルーツに、何か関係があるのでしょう。二千年以上前だったら、もっと古いのを、まだ、ずっと探らなくてはいけないと思うけれども、ある星から地球に出てきた場合は、そのあと、責任を持ってフォローしているのかもしれません。

なぜ宇宙人は「人間の肉体」を調べたかったのか

斎藤　宇宙人は、体の弾力性《だんりょくせい》などを最初に調べていたということでしたが、やはり、「体の弾力」とか、「皮膚の感覚」とか、「筋肉」とか、そういうところに関心があるのでしょうか。

大川隆法　おそらく、彼らは、地球人に〝化《ば》ける〟ときのためのものをつくるために、その構造を、考えているのではないかと思います。

斎藤　なるほど。変化するときの？

大川隆法　うーん。もしかしたら、〝肉体スーツ〟をつくるために、少し、研究が要《い》るのかもしれませんね。おそらく、「年齢相応《そうおう》に変化していくところ」が、いちばん難しいのではないでしょうか。

斎藤　ああ。確かに、「この方（久保）の好きなタイプの男性になって現れる」という話もありましたが、化けるというか、変身するための基礎《きそ》データの収集かもしれないわけですね。

大川隆法　しかし、「タコ型の人」と付き合うのは、やはり、少し〝きつい〟ですよね。

斎藤　かつての総裁のリーディングで、宇宙から来た司令官の一人が、やはり、手足をたくさん持った方でした（二〇一二年十二月二十五日に収録の「『ＵＦＯ学園の秘密』補完宇宙人リーディング」参照）。

大川隆法　あれも、タコ型でしたか。

斎藤　はい。「地球に宇宙の技術を下ろそうとしている宇宙人だった」ということでしたので、今回のケースも、高度に進化した宇宙人である可能性もゼロではないかもしれません。

年齢《ねんれい》的に「アブダクション」されやすい時期がある

大川隆法　なぜ、ここへ来るのかは分かりませんが、そのころというのは、年齢《ねんれい》的に来やすい感じの時期なのかもしれませんね。

斎藤　十四歳《さい》ぐらいですか？

大川隆法　うーん。「中二ぐらいの夏」というと、女の子の場合、解放感を求めて、何か、独《ひと》り立《だ》ちしたくなる時期でしょう。（映画「魔女《まじょ》の宅急便」の）魔法使いの「キキ」ではないけれども、そのように、少し自立して、自由を求めたくなるような時期ではあるのです。

その意味で、いろいろな夢や希望などを持っているころでもあるし、異性を求めるころでもあるので、そういう気持ちが呼び寄せるところはあるのかもしれません。

斎藤　なるほど。先ほど名前が挙がった里村さんも、「幼少時、小学校高学年から以降、数回、アブダクションをされた」と言っていました。中学生くらいの年齢というのは、やはり危険なのでしょうか。

大川隆法　日本人の場合は、どうなのでしょうか。

アメリカ人のように、はっきりとは覚えていないのか、それとも、理解できないのか分かりませんが、「人に言っても理解してもらえない」と思って、言わないことが多いのかもしれないですね。

斎藤　アブダクション体験を人に話しても、信用されない年代でもあるということですね。

大川隆法　日本では、情報がそれほど氾濫《はんらん》していなかったので、そういうこともありえますね。

本体験の「リーディング結果」を振《ふ》り返って

大川隆法　まあ、この宇宙人は次回、〝白馬の騎士《きし》〟風に現れてくれるのではないでしょうか（笑）。ハハハハ、ハハハハ……。

斎藤　（笑）はい。分かりました。

（久保に）よろしいですか。

久保　はい。

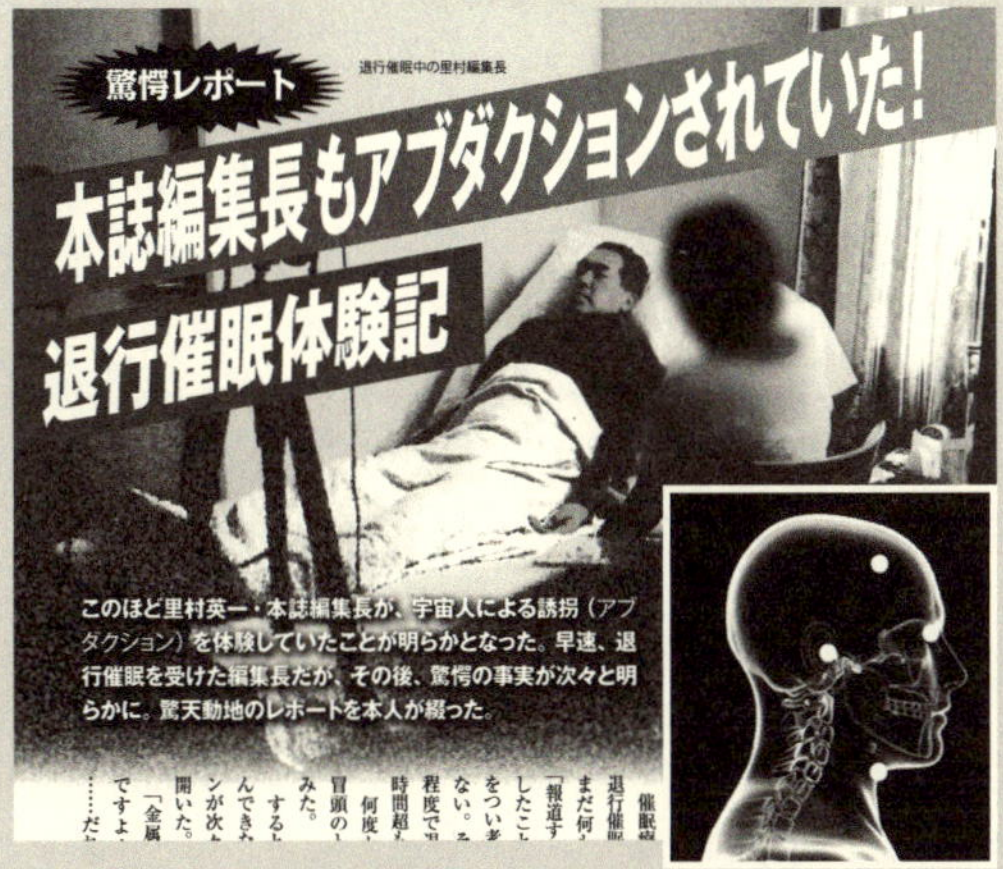

「ザ・リバティ」（2010年６月号）に掲載された記事。当時編集長であった里村英一氏が宇宙人によるアブダクションを受け、６カ所（脳、両目、両耳、のど）にインプラント（埋め込み）されていたことが報告されている。

大川隆法　実物を見たら、少し気持ちが悪かったかもしれませんが（会場笑）、肉感は確かにあったのでしょう。それぐらい何本もの手足に、「キュッ」という感じで抱きしめられたら、うれしかったかもしれません。

斎藤　はい。かつての感覚は、調査の結果、やはり事実であったことが分かりました。

久保　はい。

大川隆法　幽霊《ゆうれい》ではなかったですね。

斎藤　幽霊ではございませんでした。

久保　ありがとうございました。

斎藤　はい。ますますのご精進《しょうじん》をお願いします。

大川隆法　でも、それほど怖いものではなさそうでしたね。

斎藤　そうですね。ありがとうございました。

4 File 03 アブダクション体験 円盤《えんばん》に吸引《きゅういん》されそうになった

「アブダクション未遂《みすい》」と「異言《いげん》」の真相を探《さぐ》る

斎藤　それでは、三人目の方をお迎《むか》えしたいと思います。竹内久顕《たけうちひさあき》さんです。

大川隆法　この方は、何をされてもしかたがないような方ではないかと思います（笑）。本格的に狙《ねら》われる可能性があります。

竹内　大きくは二回ありまして、ほかにも細《こま》かいものはあるんですけれども。大きなものとしては、三、四年前だったと思うのですが、明け方に金属音のようなものが耳に響《ひび》きまして、目を開いたんです。すると、寝室《しんしつ》の窓が見えまして、その瞬《しゅん》間《かん》に金縛《かなしば》りになりました。

そうしたら、十センチぐらいの「白いチューブ状」の腕《うで》のようなものが見えて、私のベッドのすぐ右のほうに気配《けはい》を感じまして、「グレイかな？　エル・カンターレの弟子《でし》をなめるなよ」と思って（笑）、捕《つか》まえてやろうと思ったら、その瞬間、金縛りが解《と》けたんです。ただ、金縛りが解けて手を回した瞬間、空振《からぶ》りしてしまい、もう気配はなくなっていたのです。そういったことが一回ありました。

あとは、二年に一回ぐらい、自分では認識がないのですが、夜中に「古代言語《こだいげんご》」のような言葉を話しているらしく、私の妻がたまに怖《こわ》くて起こすことがありました。誰《だれ》かと話しているような感じらしいのです。

ただ、明らかに、今、世界にある言語ではないようで、ハイトーンで、しかも舌の動かし方が普通《ふつう》ではなく、妻に、「どんな音か再現してくれ」と頼《たの》んでも、「まねができない」と言われました。

大きくは、こういう二つの現象があるので、何か……。

大川隆法　それは、「異言《いげん》」だろうとは思いますけれども、そうですか。

あとは、お子さんたちも、「霊視《れいし》がよく利《き》く」という話でしたよね？

竹内　そうです。うちの長女は、「霊視がずっと利いている」という状況《じょうきょう》で、今の段階でも、けっこう悪霊《あくれい》とか妖精《ようせい》とかが視《み》えているような感じです。

大川隆法　幽霊《ゆうれい》か、宇宙人か、微妙《びみょう》なところがありますね。古代霊が来ているのか、宇宙人が来ているのか、そのへんが分からないところです。

それでは、調べてみたいと思います。

私が宇宙人であれば、この人は本格的に〝連れていってもよい感じ〟がするのですが、どうでしょうか（両手の人差し指と親指を合わせて三角形をつくる）。

（約三十五秒間の沈黙《ちんもく》）

探索《たんさく》の〝触手《しょくしゅ》〟が入ってきたが、〝雷《かみなり》〟が落ちて退散《たいさん》した

大川隆法　ああ、「三、四年前にあった」という一回目のほうは、明らかにアブダクションに来たものですね。明らかに連れていこうとしたもののようです。

室内から連れ出そうとしたのですが……、（約十秒間の沈黙）うん……、確かに、（宇宙人のほうが何かに）「返し技《わざ》」を打たれたみたいですね。返し技を打たれたみたいです。吸引《きゅういん》する前に、壁《かべ》だとか屋根とか、三次元の建物を素通《すどお》しにして、空中に引き上げ、円盤《えんばん》のなかに連れ込《こ》むことができるのです。「異次元ホール」みたいなものを使って連れ込むわけです。

その前の段階で、向こうからノズルのようなものがスルスルスルーッと降りてきて、うーん、映画「宇宙戦争」に出てくる宇宙人の〝目〟ではありませんが、ああいうものが、まず家のなかに探索《たんさく》に入ってきています。「いちおう、先に見てから」ということで探索に入ってきたところで、見つかったようですね。

そのときに、うーん……、私は今、向こう（宇宙人）の立場で言っているのですが、

何か雷《かみなり》のようなものが落ちてきそうな感じを、あちらのほうは受けていますね。

斎藤　この方（竹内）から、何かを得ようとして？

大川隆法　向こうから探索に出てきた、この〝触手《しょくしゅ》〟？　探索の〝触手〟に、何か雷のようなものが落ちてきて、こう……、〝触手〟を切られるような「痛み」を感じているんですよね。何か、そういうものを感じています。

斎藤　その〝雷〟に〝触手〟がやられたわけですね？

大川隆法　はい。雷のようなものです。向こうも、そういう経験がないのでよく分からないようです。何か〝触手〟が出てきて、いろいろ見た上で、行けそうだったら、クルクルッと巻《ま》いてスーッと持っていこうとしてきたようなのですが、そのときに、雷のようなものが落ちてきたような、「電気的なしびれ」を起こすものが上から落ち

宇宙人がアブダクションをしようと、〝触手〟を伸ばして
接触を試みるも、〝電撃〟によって撃退された。

てきたような、そういう感じを受けているんですね。それで、慌《あわ》てて退散《たいさん》したというか、「これは、何なんだ?」というような感じだったみたいですね。

幸福の科学指導霊団《しどうれいだん》から来た〝電気ショック〟で守られた

竹内　その〝電気〟は、どこから来ているんですか。

大川隆法　うーん……、これは幸福の科学の指導霊団《しどうれいだん》……、だと思いますね。

竹内　つまり、「宇宙人撃退秘鍵《げきたいひけん》」や「悪質宇宙人撃退祈願《きがん》」の力が働いたと……。

大川隆法　幸福の科学の指導霊団だと思いますね。そこから来ていると思います。

斎藤　まさに、〝触手〟が伸《の》びて、連れ去ろうとしたときに……。

大川隆法　電気ショックのようなものが落ちてきた感じでしょうか。「許さない」という感じのものが、何かバシッと落ちてきたようで、びっくりして、そのあとスーッと引いていったようです。

上空には「モンブラン」を逆《さか》さまにしたような円盤《えんばん》が視《み》える

竹内　その宇宙人は、何系の宇宙人とつながっているのですか。悪質なほうなのか……。

大川隆法　（約十秒間の沈黙）ええとですねえ、下から視《み》ると、うーん……、こう、丸い黒い感じの玉のようになっていて、その周りが、ええと、ケーキで言うと、栗のクリームでできた「モンブラン」を逆《さか》さまにして、下に向けたような格好《かっこう》です。

「栗の部分」が栗色ではないのですが、ちょうど「黒い玉砂利《たまじゃり》」のような感じの光り方をしています。丸いものがそこにあって、その周りにモンブランのクリームのよ

モンブラン（ケーキ）を逆さにしたような形状のＵＦＯ。
きわめて珍しいタイプである。

うなものが渦巻《うずま》いている感じの円盤《えんばん》ですね。下から視ると、そんな感じの円盤です。上は、そんなに出っ張っているように見えないので、下がこう……、コマに紐《ひも》を巻いた感じになっているような円盤から、来ていますね。

幸福の科学の「広報部門」になるタイプを探している

大川隆法 （右手を上にかざず）それで、このなかにいるのは何人《なにじん》ですか？

（約二十秒間の沈黙）

なんで、饗庭《あえば》さんの顔が視えてくるのだろう？饗庭君の顔が視えるのです。何でか……。ちょっと意味不明ですが……。何だか、その宇宙人を視ようとしているのに、饗庭君の顔が視えるんですよ。

斎藤 「饗庭さん」というのは、幸福実現党の饗庭直道《じきどう》さんのことを言っているんですか。

大川隆法　そうそう。直道さんの顔が視えるんです。どういうことなのかは、ちょっと意味不明で、私には分かりません。なんで、今、宇宙人を透視《とうし》しようとしているのに、饗庭君の顔が視えるのか。どういうことなのか……。

斎藤　今、彼は幸福実現党の調査局長をしていますけれども（二〇一四年四月現在）。

大川隆法　あ、「調査」ということか。どういうことか。何を言いたいのか。何が言いたい？

ああ……、なるほど。当会の教団の「広報部門」になるようなタイプの人を探していたんですね？　うーん……。

斎藤　なるほど。

大川隆法　うーん、何か、広報などに使えるようなタイプの感じの人を探しています。

斎藤　ああ。その候補の一人として饗庭さんの顔が……。

大川隆法　はい。あちら（饗庭）も〝候補〟として挙がっています。あちらにも行っているかどうかは知りません。行っているかもしれません。

斎藤　そこで関連が出てきたわけですね？

大川隆法　もしかしたら、行っている可能性もあるかもしれません。向こうのリストに入っていたのではないかと思います。

斎藤　向こうの「人物リスト」というか、「人材リスト」に？

大川隆法　うーん。もしかすると、彼はあっさり連れていかれているかもしれませんね。

よく分かりませんが、こちら（竹内）のほうも、そういう、「使えるタイプの人」と見られて、マークはされていたようです。

斎藤　ああ、マークされたわけですね？

大川隆法　はい。マークされています。

宇宙人との関係で、どのような将来のビジョンが描けるか。そのへんのコネクションをつくるために、この人（竹内）に「友好モード」の何かを〝差し込もう〟としたのではないかと思われるんですね。「ウェルカム波動」の何かを差し込もうとして、ちょっかいを出したところ、いきなり、電気ショックのようなもので襲《おそ》われたらしいということは分かりました。

「交渉学《こうしょう》」「友好学」をつくる目的で学術調査をしている

大川隆法　私も、こんな逆《さか》さモンブランのような円盤を見たことがないので、意味は不明なのですが。

うーん……、でも、何だか、（宇宙人の）「プレアデス系」に非常に関心を持っている者たちのように思われますね。

斎藤　なるほど。「プレアデス系」に関心のある方ですか。

大川隆法　「プレアデス系」に関心を持っている生命体のような感じがしますね。

「なぜ、関心を持っているのか」については、〝触手〟だけでは分かりかねるのですが、これは人間との「交渉学《こうしょう》」兼《けん》「友好学」のようなものを何かつくり上げるという目的で、学術調査をしているような感じには見えますね。

だから、「どういう人間であれば、宇宙人とフレンドリーに付き合えるか」という、

〝当たり〟を付けているような感じに見えます。「この人（竹内）は行ける」と思って来たのに、意外に〝剣《けん》〟を持っていたんですね。

斎藤　〝剣〟を持っていた？

大川隆法　〝剣〟を持っていたというか、意外に〝毒針《どくばり》〟というか、〝毛〟というか、そういうものを持っていて、「まさか反撃が来るとは思っていなかったのに、反撃を受けた」ということのようですね。

今のところ、これ以上は分かりません。

斎藤　「交渉学」「友好学」を確立するための学術調査のために……。

大川隆法　「フレンドリーな人種は、どういう人であるか。どのような付き合い方をすると交流ができて、仲良く情報を交換《こうかん》できるような感じになるか。地球において自分たちのことを広報してくれるようなタイプの人間として、その代理人になってくれるか」という感じで探していたのではないかと思われましたが、「意外に凶暴《きょうぼう》なところがあった」ということなのでしょうか。

まさか、「反撃しよう」というような思いを起こすとは思わなかったようです。

それについては、そういうことです。

過去世《かこぜ》で「異言《いげん》」を語れるイエスの弟子《でし》であった

大川隆法　そのあとの「異言《いげん》」らしきものについては、どうでしょうか（竹内に両手をかざす）。

（約三十五秒間の沈黙）

うーん……、（過去世《かこぜ》で）仏陀《ぶっだ》の弟子《でし》のあと、イエスの弟子でも出ているような感じですね。ほかにも誰《だれ》かいるようです。この人は、何か〝怪《あや》しい魂《たましい》〟ですね。いろいろと忙《いそが》しい人です。チョコチョコと、あちこちで出ているような感じがします。

『聖書《せいしょ》』には、イエスの弟子たちが異言をたくさん語るシーンが出てきますが、そのようなときに、一緒《いっしょ》に異言が語れた人の一人ではあったようです。

あの世の実証のために行《おこな》っている異言であり、その異言は、古代に生きた天使たちと話している言葉ですね。

これは、たぶん、うーん……、昔のヘブライ語か、その周辺の言葉のどれかかと思われます。たぶん、シリアからガリラヤ湖畔《こはん》辺りに住んでいた人たちが使っていた、昔の言葉の一つだと思われますね。場合によっては、イエスが話していた言葉なのかもしれません。

ガリラヤ湖
イスラエルにある湖であり、イエス・キリストゆかりの場所としても有名。
絵は、「ガリラヤ湖の嵐の中のキリスト」。

斎藤　古代アラム語か何かですか。

大川隆法　アラム語か何かかもしれませんが、よく異言で出てくるタイプの言葉だと思います。

斎藤　ペンテコステ（聖霊《せいれい》降臨）で、弟子たちにもいろいろな異言現象がバーッと出ていた時期がありましたからね。

大川隆法　あのとき、意味が分からないままに話せる人がたくさん出てきたことがあり、特に、イエスの復活のあとにその現象はよく出ています。

例えば、このような言葉だと思うんですよ。

「（右手で、前後左右に手振りをしながら、早口で）パガラスカ、パラッティカッ、カラ、パカラ、パラツルスキ、テッカラッ、トココロパイシ、サカラティンティン、ポコオ

エル・グレコの「聖霊降臨」。イエス・キリストの使徒たちの上に聖霊が降り、さまざまな異言を語り始めた（「使徒行伝」第２章より）。

グシィ、ツス、ティラッポコエ、アーナンタ、プッツプッツカコウ、コウロ、ペテカ、ヘンシィ、テボロ、スウイッチー、ルイス、パカコウカン、ヒイヤー、オエンネエ、アアン、ディッシュロッカ、コロポコ、シー、トコロコイシー、プーシーラーポコ、アイヤラーデー、ディシュブッシュ、ボウオウコ、コペイヤシィク、アンデ、コソパーパタ、ポカッティンショウ、コワ、コエシィラボット、パパラチヤ……」

例えば、このような言葉だと思いますが。

斎藤　（驚いて）本当に古代語の異言でした。

大川隆法　例えば、このような言葉ですが、会話はこういうものでできるはずだと思います。古代の言葉の一つですね。何種類かあるのですが、言葉としては、それで通じているんです。そういうものも話していたんだろうと思います。

それが目撃されることはあると思いますね。

だから、これは、古代霊のほうであり、宇宙人ではないと思います。

斎藤　これは、アブダクションなどではないですね？

大川隆法　はい。ないと思います。

斎藤　竹内さんご自身が「そういう才能をお持ちだ」ということですね。

大川隆法　いちおう、「守られている」ということのようです。

斎藤　（竹内に）幸福の科学支援霊団《しえんれいだん》、指導霊団によって、アブダクションの際には守られたということです。

大川隆法　「守られた」ということのようです。宇宙船のなかまでは行っていなかったですね。

斎藤　はい。ありがとうございました。

これで、「アブダクションタイプ」の三名が終了《しゅうりょう》しました。

5

File 04 金縛り体験

〝謎《なぞ》の生物〟が体に乗ってきた

「長期的な金縛《かなしば》り」に悩《なや》む男性のリーディングを行う

斎藤　次に、「金縛《かなしば》りタイプ」に入らせていただきます。

大川隆法　はい。

斎藤　一人目は、木村貴好《きむらたかよし》さんです。今、幸福の科学大学のほうに所属しています。

大川隆法　ああ、理科系の勉強を……。

斎藤　はい。以前、昆虫《こんちゅう》の質問をされた方です（『もし湯川秀樹《ゆかわひでき》博士が幸福の科学大学「未来産業学部長」だったら何と答えるか』〔幸福の科学出版刊〕参照)。

大川隆法　昆虫の質問？

斎藤　「昆虫食《しょく》」のお話を賜《たまわ》ったときの……。

大川隆法　ああ！　はい、はい。

斎藤　彼は、生物を研究していた博士（農学）です。

大川隆法　分かりました。

（木村に）それで、どんな経験をされましたか。

木村　最初は、おそらく、中学か高校ぐらいのころに起きたのですが、ひどいときには、毎日、金縛りに遭《あ》っていました。

大川隆法　毎日？　毎日ですか。

木村　はい。大学に入ってからは、その頻度《ひんど》が少し落ちてきたのですが、やはり、最近でも、少し疲《つか》れてきているときなどに起こります。

頻度は、月一、二回ですが、ないときは、半年に一回ぐらいです（苦笑）。

大川隆法　回数が、少し多いですね。

木村　最近では、寝《ね》る直前などに、「あ、今日は来るな」と分かるときがあって……。

大川隆法　ふーん。

斎藤　（木村に）「現在ただいまも、金縛りに遭っているということで、よろしいですか。

木村　そうですね。

大川隆法　金縛りだけですか。それとも、そのときに、何か見えますか。

木村　半分、夢を見ていることが多くて、それが九割ぐらいです。

大川隆法　うーん。

木村　夢のなかで、「電気の紐《ひも》をつかみたい」「明るいところに出たい」と思って、自分では動いているつもりなんですけれども、体が動かなくて苦しんで、金縛りが解《と》けたときに、「ああっ！」と大きな声を出してしまうことが多いですね。

大川隆法　うーん。それが起こるのは眠《ねむ》りに入って、たいてい、一時間か一時間半後ぐらい、あるいは、目が覚める前の三十分ぐらいの間《あいだ》ですか。

木村　そうですねえ……。

大川隆法　いわゆるレム睡眠《すいみん》のころ？　それとも、寝入《ねい》りばなに来るのですか。

木村　寝入りばなが多いです。

大川隆法　寝入りばなに来る？

木村　はい。

大川隆法　ふーん。寝入りばなに来ますか。

特に、姿は見えないのですね？　ただ、最初から、「来るのではないか」という予感はある？

木村　はい。

大川隆法　さらに、毎月一、二回来ていて、それが、現在も続いているわけですから、今も、何らかの原因があるということですね。

木村　原因を知りたいと思っています。

大川隆法　はい、分かりました。調べてみます。

出っ張った後頭部と短い足がついた「謎《なぞ》の生物」が視《み》えてくる

大川隆法　（左掌《ひだりてのひら》を木村にかざし）では、この方が金縛りに遭《あ》うとのことですが、いったい、何ゆえに、そういう現象が起きるのでしょうか。

「中高生あたりから現在まで続く」というと、かなり長いように感じますが、何かを訴《うった》えようとしているものがあるならば、その正体を、あるいは、この人自身に問題があるならば、その原因を知りたいと思います。

（両手の人差し指と中指の両方を立てて、両手を交差させる。約十五秒間の沈黙《ちんもく》）

おかしいなあ。うーん……。今日の趣旨《しゅし》には反するのですが、後頭部がすごく出っ張っているものが視《み》えるので……（笑）。

うーん……。困ったな。これは、何だろう？

ええっと、視えてくるものは……（笑）。

斎藤　はい。

大川隆法　顔でいうと右側に当たる部分なのですが、そこを視ると、（宙に片側が大きい楕円《だえん》を描きながら）こういうふうな、すごく「出っ張った頭」で、その下には、先ほどの〝タコ〟（File02に登場した宇宙人）ではないけれども、もっと「短い足」のようなものが、たくさん付いているように視えます。

（右掌を木村にかざし、円を描くように回しながら）これは、何なんだろう？　妖怪《ようかい》のなかに、こんなものがいたかなあ？　「妖怪図鑑《ずかん》」には、こんなものはいないと思うんだが……。

斎藤　妖怪……。

大川隆法　こんな座敷童子《ざしきわらし》はいないと思うんですけれどもね。頭の後ろが出っ張っていて、確かに、「目」のようなものが付いていますねえ。

それで、下に、わりあい短い足のようなものが、たくさんあるような感じがするんですよ。これは、（アニメの）〝宮崎駿《みやざきはやお》の世界〟にも出てきそうな感じのものではありますね。

ただ、この頭の出っ張り方が、少し気になるなあ。

そうですね。最初に視えていたものよりも、（両手で一方の端《はし》が尖《とが》っている楕円を描き）後ろが、少し長くなってきました。うーん、炎《ほのお》のようなものを、〝お尻《しり》〟に引っ張っているような感じにも視えます。

（右手の親指を額《ひたい》につけて）さらに、今は、何本もの足ではなくて、二本ぐらいにも視えるけれども、頭がすごく大きくて、下には、ああ、手も足も、あることはありますが、非常に細くて小さいように視えるので……。うーん……。

まあ、同じではなくて〝変化形〟だけれども、（漫画《まんが》の）「ゲゲゲの鬼太郎《きたろう》」に出てきた「目玉おやじ」のようなもので、あの「目玉の部分」に、後頭部がもう少し炎型に出ているような頭が付いていている感じです。

でも、この頭の形自体は、映画「エイリアン」に出てくるエイリアンの頭部の形にも少し似てはいます。ただ、こんなものは見たことがないので……。なんだ？　これは。

寝《ね》ている対象者の周りを歩くのは、宇宙人か？　妖怪《ようかい》か？

斎藤　大きさは……？

大川隆法　大きさはですね（合掌《がっしょう》する）……。

斎藤　例えば、一メートル、二メートル、三メートルなど幅があると思いますが、どのあたりの大きさでしょうか。

大川隆法　いや、そんなに大きくないですね。寝《ね》ている彼（木村）の頭の周りや横を歩いているけれども、そんなに大きくはないように視えます。

これは本物なのか、何か、つくられたものなのか、妖怪《ようかい》なのか……。
ちょっと待ってくださいね。

斎藤　はい。

大川隆法　うーん……。
（木村に）あなたの生まれは、どこですか。

木村　埼玉《さいたま》県です。

大川隆法　埼玉県？

木村　はい。埼玉県の大宮《おおみや》です。

大川隆法　近くに怪《あや》しいものは、何もない？

木村　うーん……。特には、思い当たりません。

大川隆法　まあ、大宮なら都会ですからね。

（右掌を木村にかざし）埼玉県……。これは、何なんだろう？　初めて見るものなので、ちょっと待ってくださいね。

何だ、何だ、何なんだ。（両掌を木村にかざし）あなたはいったい何なんですか。

（約五秒間の沈黙）

今、山道《やまみち》が視えています。細い山道を下りてくる。周りには、樹木が、右側には崖《がけ》があって、木がたくさんありますね。

今、山道を下りてくるところが視えるけれども、形は、その姿に近いものとして出てくるので、うーん……。

これは、面妖《めんよう》だなあ。何なんだろう。これは、何だ。宇宙人？　妖怪？　幽霊《ゆうれい》？

サイボーグ？

うーん……、ちょっと待ってくださいね。これは何なんですかねえ。

毎月来る。毎月来るが、なぜ毎月来るのでしょう？　あなたは、なぜ毎月来るんですか。何なんですか。

今、口を開けました。ああ、口は意外に大きく開《あ》く。

うーん……。分からない……。うーん……。


（約五秒間の沈黙）

もし、私を〝騙《だま》そう〟としているんだったら、「本当の姿」を現してください。

（約五秒間の沈黙）

うーん……。「生物体」としては見たことがないなあ。「生物体」としては見たことがない種類のものです。

おかしいな。何か似ているものはないのでしょうか。何かには、必ず似ていると思うのですが……。

今度は、首から背中に向けて、〝ギザギザ〟みたいなものが出てきているので、うーん、これは面妖な……。

いったい、何を伝えようとしているのでしょう？

何なんですか。え？

（約二十秒間の沈黙）

とにかく、〝何か〟が、この人に干渉《かんしょう》しようとしていることは間違《まちが》いないですね。

謎《なぞ》の生物の正体は、「昆虫《こんちゅう》のリーダー」か

斎藤　自然など、そういう関係のものではないでしょうか。

大川隆法　（息を吐《は》く）

斎藤　この方は、生物を愛していらっしゃるので……。

大川隆法　生物を愛している？

斎藤　はい。特に、小さな微生物《びせいぶつ》系とか……。

大川隆法　微生物？

斎藤　昆虫《こんちゅう》とか、そのあたりについて、かなり研究されています。

大川隆法　ああ、昆虫ですか。昆虫と言うんだったら……。

木村　私の個人的な印象としても、今、総裁がおっしゃったような風景、つまり、森があって、平地というか、草原《くさはら》があるような、そういう「森の際《きわ》」の所に惹《ひ》かれます。

大川隆法　惹かれるものがあるの？

木村　はい。

森の際。青空のもとで多くの木々と触れ合う癒しの空間である。

斎藤　「原《げん》風景」や、「心象《しんしょう》風景」ということですか。

木村　はい。

大川隆法　はあ。しかし、こんな「生き物」がいるんだろうか。これは、ちょっと……。ただ、「昆虫」という観点から考えると……、ああ、そうか。そういえば、昆虫という観点から言うと、確かに、(両手で宙に片側が大きい楕円を描きながら)こういう感じの……、クワガタムシとか、クツワムシとかの格好にも、少し似てはいますね。

うーん、そんな感じのものに似ていて、「細い足が出ている」と言うんだったら……。

斎藤　細い足……。そうですね。

大川隆法　目があって……。ああ、確かに……。

斎藤　先ほど、「背中にギザギザが出てきた」ともおっしゃいました。

大川隆法　そうです。ギザギザも出てきました。

そちら（昆虫）のほうにご縁《えん》があるものだとしたら、これは、（両掌《りょうてのひら》を木村にかざし）そう簡単に会話が通じない可能性が出てき始めましたね。

斎藤　以前、「昆虫食の勧《すす》め」ということも、この方の質問のときにお答えがございました。

大川隆法　ああ、そうか、そうか。昆虫食ね。うーん。なるほど。

（約十五秒間の沈黙）

昆虫は、昆虫で、リーダーがいるんですよ。

斎藤　昆虫のリーダーですか。はあ！

大川隆法　やはり、霊的《れいてき》には、それぞれの「種《しゅ》」にリーダーがいるんです。

斎藤　それぞれの「種」に、それぞれの「リーダー」がいるわけですね。

大川隆法　ええ。霊的に、その種を地上に存続《そんぞく》させるためのリーダーがいるんですよ。

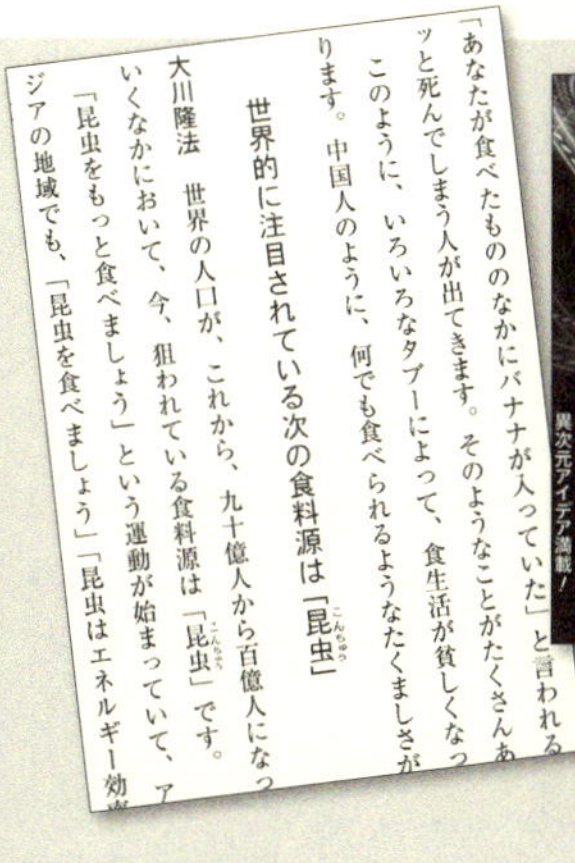
「あなたが食べたもののなかにバナナが入っていた」と言われる
ッと死んでしまう人が出てきます。そのようなことがたくさんあ
このように、いろいろなタブーによって、食生活が貧しくなっ
ります。中国人のように、何でも食べられるようなたくましさが
世界的に注目されている次の食料源は「昆虫《こんちゅう》」
大川隆法　世界の人口が、これから、九十億人から百億人になっ
いくなかにおいて、今、狙われている食料源は「昆虫《こんちゅう》」です。
「昆虫をもっと食べましょう」という運動が始まっていて、ア
ジアの地域でも、「昆虫を食べましょう」「昆虫はエネルギー効

『もし湯川秀樹博士が幸福の科学大学「未来産業学部長」だったら何と答えるか』（幸福の科学出版）。本書では、将来の食料源として、「昆虫」が紹介されている。

うーん。そうですねえ。まあ、確かに、「イナゴ」より大きいものですけれども、大きさは、どう見ても、数十センチを超《こ》えるようなものではありませんので、昆虫と言われると、やや近づいた感じはします。

対象者の霊的《れいてき》な「正体」と昆虫《こんちゅう》のリーダーの「目的」

大川隆法　（大きく息を吸う）はあ……（息を吐く）。

（約五秒間の沈黙）

なんか、「バッタの神様」のようなもの？

斎藤　（笑）「バッタの神様」ですか（会場笑）。

大川隆法　うーん。絵を描くとすると、（手を擦《す》り合わせながら）羽を擦り合わせて鳴く……、何でしたっけ？　やはり、クツワムシ系かな？

斎藤　クツワムシ？

大川隆法　クツワムシ系に近い。うーん、あちらの……。

斎藤　キリギリス、クツワムシ、コオロギ……。

大川隆法　そういう系のものに近いけれども、姿としては、もう少し大きい……。

斎藤　もう少し大きい……。

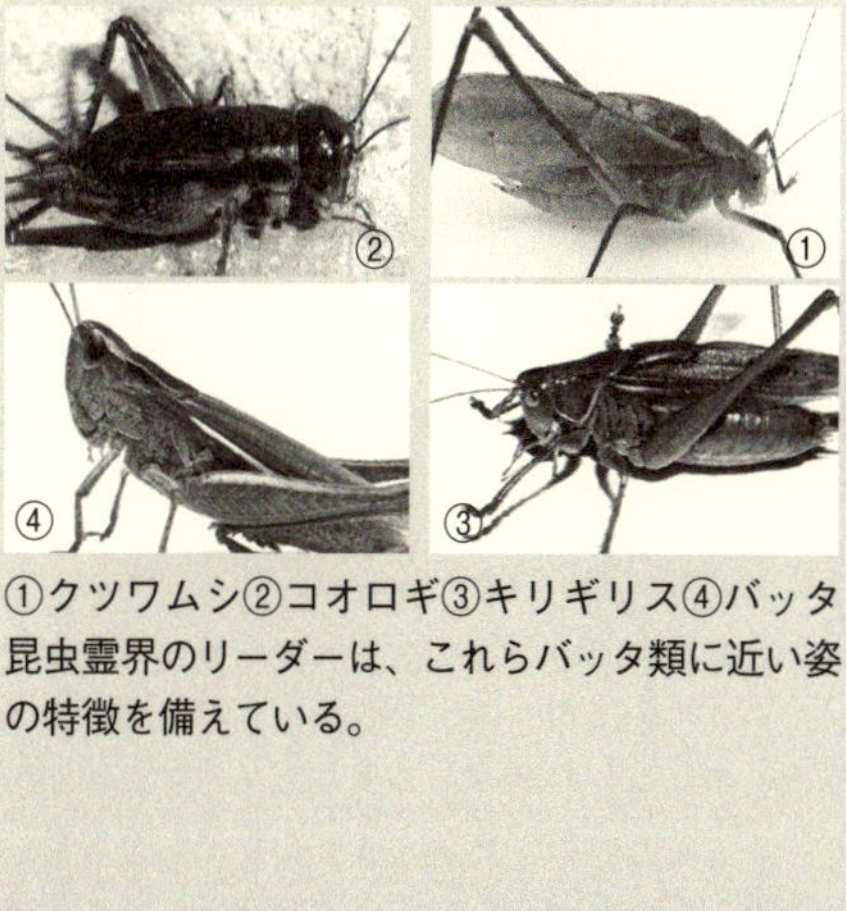

①クツワムシ②コオロギ③キリギリス④バッタ
昆虫霊界のリーダーは、これらバッタ類に近い姿の特徴を備えている。

大川隆法　ええ。もう少し大きいです。ただ、先ほどのエイリアンほどではありません。あんなに大きくはないものなので、慕《した》われているか……。

斎藤　（木村に）慕われているそうです。

大川隆法　あなた自身が、その昆虫《こんちゅう》の神様がたのリーダーかも……。

斎藤　「昆虫の神」のリーダーである可能性が出てきました（会場笑）。

大川隆法　私には、ここまでの知識がなかったのですが……。

「稲荷大明神《いなりだいみょうじん》」という、動物の〝神様〟がいるのは、知ってはいました。それぞれの動物たちを治めている神様がいるのは知ってはいたのですが、昆虫のほうは知りませんでした。

斎藤　「諸天善神《しょてんぜんしん》」と言われている……。

大川隆法　そうそうそうそう。これは、もしかしたら、食料になりうる昆虫のほうが、今、〝立候補〟してきているのかもしれないし、この人に、何か関係が……。

斎藤　実は、今、この方は、未来への可能性を探《さぐ》るために、会社の社長等と会い、「昆虫の食べ物」の研究を先行してやっております。

大川隆法　ありゃあ！　では、これは、昆虫の「集合霊《しゅうごうれい》」か何かが、一つの形をつくっているのかもしれません。

斎藤　そういう可能性が出てきました。

通常、人間がいることのない「昆虫霊界《こんちゅうれいかい》」に入っている

大川隆法　ただ、意思が明確に伝わってきません。はっきり言葉にならないので……。（右掌《みぎてのひら》を木村にかざし）そうすると、食べられたくないのか、食べられたいのか（会場笑）、ほかに何か言いたいことがあるのか。何か代弁《だいべん》できる人がいたら、お願いしたいのですが、なぜ出てくるのですか。通訳でも結構です。

（約十秒間の沈黙）

うーん、（木村に）寝ているときに、「昆虫《こんちゅう》の世界」に入っているのですね。

斎藤　ああ。

大川隆法　「昆虫霊界《れいかい》」というものが、いちおう、あるんです。

斎藤　（木村に）昆虫霊界に入られているみたいですよ！

木村　恥《は》ずかしながら、いまだに、クワガタなどを捕《と》って喜んでいる夢を見てしまいます（笑）（会場笑）。

大川隆法　いちおう、「昆虫霊界」があることはあるのですけれども、そこには、普《ふ》通《つう》、人間はいない……。

斎藤　なるほど。

大川隆法　確かに、子供などでしたら、おそらく、寝ているときに入ったりすることがあるのだと思うけれども、大人で入る人は、めったにいないので……。

木村　（笑）

斎藤　この方は、童心《どうしん》を持っておられる方です。

大川隆法　たぶん、昆虫学などを研究している人で、密林のなかへ入って捕ったりしているような人が、入る可能性はありますが、「昆虫霊界」というものが、いちおう、あることはあるんですよ。

斎藤　なるほど。

大川隆法　たぶん、寝《ね》に入ると、その扉《とびら》や穴が開くというか、そちらとの〝通路〟が開《ひら》けるのではないかと思いますね。

でも、霊的には、部屋のなかが「昆虫だらけ」になってくるのではないですか？

昆虫の魂《たましい》は、人間のようなものではなく、もう少し原初《げんしょ》的な形を取っていて、「種類の違い」ぐらいまでは分かるけれども、もう一段、個性化まではいっていないものが多いです。

ただ、たまに、リーダー格のものがいることはいます。取りまとめをする、種《しゅ》を維《い》持《じ》している〝族長《ぞくちょう》〟のようなものがいることはいるんですね。

だから、たぶん、バッタとか、そういう系統の昆虫霊たちを治めている……。

斎藤　取りまとめて、治めている……。

大川隆法　取りまとめている「族長」のような魂が来ているのだと思う。

だから、ずっと、ゾロゾロ来ているそれらは、みんな、あなたを訪《たず》ねてきているので……。

斎藤　（笑）

大川隆法　もしかしたら、あなたは、あの世で、「昆虫の神様」か何かをやっている可能性が……。

木村　（笑）

斎藤　（笑）そうですねえ（会場笑）。

木村　初めてです。

大川隆法　私も、こんなのは〝初めて〟のことだから……（会場笑）。

「昆虫《こんちゅう》の親玉」は、敵か？　味方か？

木村　ちなみに、「今日は来るかなあ」と思ったときに、（幸福の科学の研修施設である）精舎《しょうじゃ》で頂いた「降魔《ごうま》の剣《けん》」を枕元《まくらもと》に置いておくと、金縛りは来ないで、ぐっすり眠れるのですが、やはり、主《しゅ》の光からは遠ざかるようなものなのでしょうか。

大川隆法　いや、そういうものではなくて、やはり、共存《きょうぞん》しているのではないですか、この感じは（会場笑）。敵・味方というのではなくて、共存しているような感じなので……。

もし、食料になるとしても、それは、同時に「繁殖《はんしょく》」も伴《ともな》うはずですから、「自分たちの世界を大きくしなければいけない」ということも入っています。あなたを、そのキーパーソンと見て、族長が〝挨拶《あいさつ》〟に来ているのではないでしょうか。右翼《うよく》の親分さんが挨拶しに来るような感じですね。

斎藤　（笑）右翼の大物が来るように、ですね。

大川隆法　だけど、言葉が明確ではないために……。

斎藤　ああ、言葉が、なかなか通じないのですね。

大川隆法　ええ。言葉が分からないから、体に、「刺激《しげき》」を与《あた》える意味で、たくさん乗ってきたりしているのではないかと思います（会場笑）。

言葉にはならないから……。

斎藤　それで、金縛り状態が続いてしまうわけですね。

大川隆法　うん。これが、寝ている間に、ゾロゾロゾロゾロと体を巻《ま》いたり、いろいろしているのではないですかねえ（会場笑）。

木村　あまり怖《こわ》がらなくてもよいということでしょうか（笑）（会場笑）。

斎藤　（笑）ご自身で、求めておられますからねえ（会場笑）。

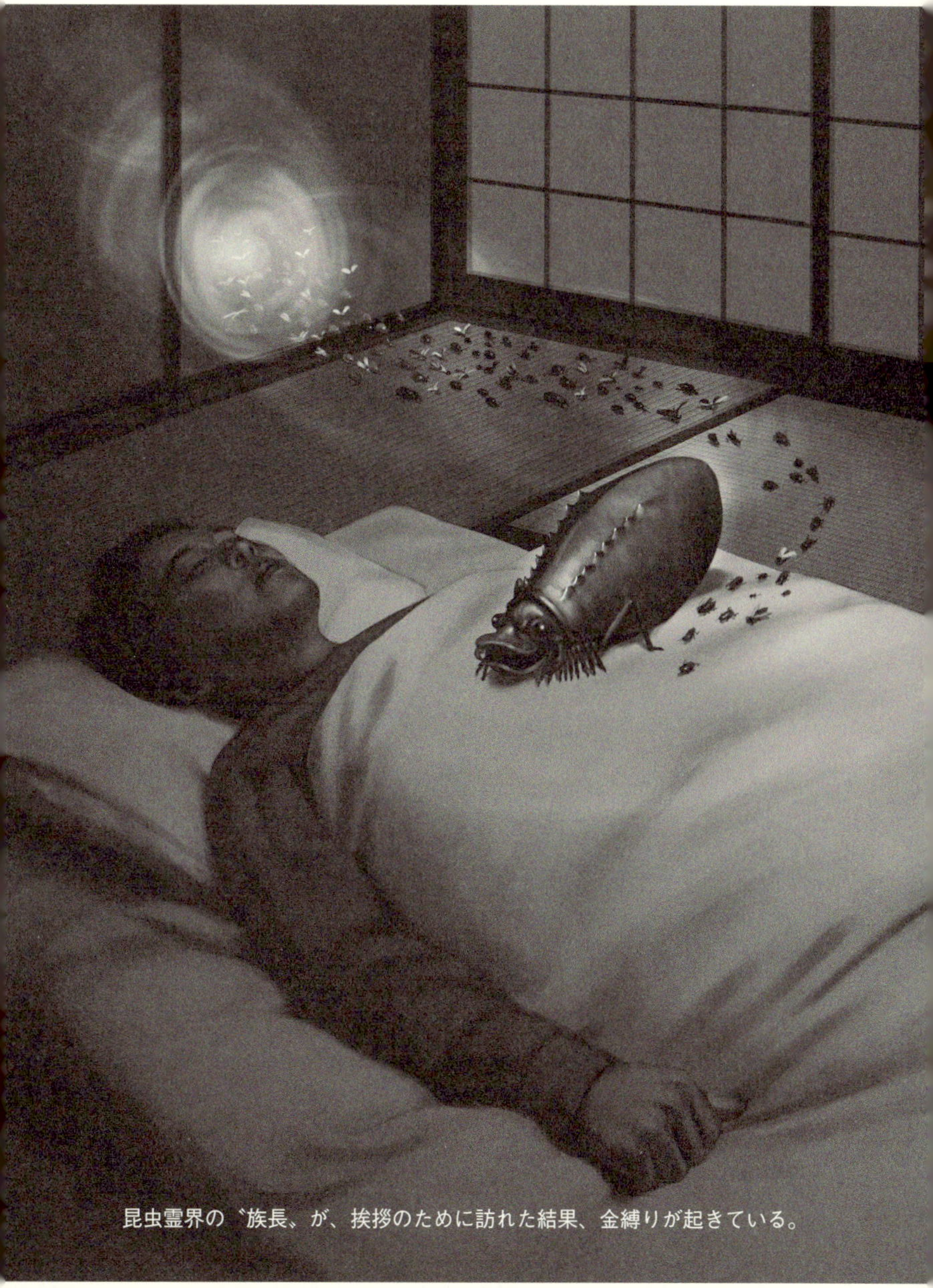

昆虫霊界の〝族長〟が、挨拶のために訪れた結果、金縛りが起きている。

大川隆法　「天命《てんめい》」であるならしかたがない。「天命」ならしょうがないですね。でも、もしかしたら、「未来の人類」の何十億人かの命が懸《か》かっているかもしれない案件ですので。

斎藤　彼は、それの実現化に向けて、「食料危機」を乗り越《こ》えるための開発研究を、今、密《ひそ》かに進めています。

大川隆法　そうしないと、逆に、人間のほうが「餌《えさ》」になって淘汰《とうた》されてしまうかもしれません。宇宙人が捕食《ほしょく》しようと狙《ねら》っている可能性もあるのです。つまり、人間のほうが〝バッタ化〟して、「餌」として狙われている可能性もあることはあるので、まあ、これは、非常に、どうなるか分からないものですね。

ただ、分かったことは、要するに、「昆虫《こんちゅう》のなかには魂的に、親玉《おやだま》のようなものがいる。そして、集合霊のようになると、ゾロゾロゾロゾロたくさんいて、個性は、はっきりしないけれども、その親玉みたいなものが種《しゅ》を維持している。そういうものがいるのは間違いない」ということです。

その親玉が、この人に挨拶に来ているということだけは間違いない。

斎藤　（笑）（会場笑）

（木村に）昆虫、好きですよねえ。

木村　はい。好きです（笑）。

大川隆法　「挨拶」に来ているんですね。

普通、金縛りは、寝入りばなではなく、寝てしばらくしてからと、目覚める前の三十分ぐらいにくることが多いので、寝入りばなにくるということは、早くも、向こうから挨拶に来ている……。

斎藤　（木村に）向こうから来ていらっしゃるみたいです。

大川隆法　向こうから来ているので、おそらく、あなたを中心にして、「昆虫世界へのワームホール」がたくさんつながっているのではないでしょうかね。

斎藤　貴重な人材ですねえ。

大川隆法　あの世に還《かえ》ったときに、この人が、どんな姿をしているかは、分からないですね。

木村　ああ……。

斎藤　ご安心ください。大丈夫《だいじょうぶ》です。今は、人間ですから。

木村 （笑）

大川隆法 （キャラクターの）〝仮面ライダー〟のような感じだったら……。あれは、バッタですか。

斎藤 そうです。あれは、トノサマバッタですね。

大川隆法 うん。何か分かりませんが、そのようなものかもしれませんね。「諸天善神《しょてんぜんしん》の昆虫バージョン」が正体ではないかと思われるので……。

木村 ああ……。

金縛《かなしば》りとしては例外中の例外である〝虫縛《むししば》り〟

大川隆法 まあ、「天命に生きている」ということだから、それが来たら、かわいがってしまったら？

斎藤　（笑）「天命と見なして、受け入れてください」とのことです。

大川隆法　それは、おそらく、「未来の食料」にかかわっていることです。立候補者のような感じで、たくさん来ているのではないでしょうか。ちょっと、珍《めずら》しすぎるケースですね。相手は、今まで、一言《ひとこと》もしゃべらなかったので……（会場笑）。

斎藤　確かに、昆虫の方《かた》では言葉が……。

大川隆法　（木村に）まあ、仕事なら、しかたがないではないですか。それは、「以《もっ》て瞑《めい》すべし」です。その世界で、バッタの神様にでも何にでもなってしまうしかないですね。

たぶん、何か使命があるのでしょう。
それは、「昆虫の族長」が集まってきていると見てよいので、追い払《はら》ってもいいけれども……。でも、仕事なのでしょう？

木村　はい。

斎藤　（木村に）コミュニケーションを深められて、いろいろな秘密を得られることをお勧《すす》めいたします（笑）。

木村　分かりました。

大川隆法　きっと、やがて誰《だれ》かが選ばれて、その種が繁殖するのでしょう。だから、「どれを選んで繁殖させるか」ということなのだろうと思うんですよ。
それが、もうすぐ、あなたにインスピレーションとして現れてくるでしょうから。

木村　はい。

斎藤　自らの心で求めておられます。

大川隆法　そうなんでしょう？

斎藤　ええ。「どの昆虫なら食べられるのか」などを、常に考えておられます。

大川隆法　もう、ミツバチを捕《と》る人が、体中ハチだらけになっているような感じで……。

斎藤　ああ、あのようなかたちですね。

大川隆法　ああいうふうに、昆虫さんが、たくさん来て……。まあ、これも、ある意味では、金縛《かなしば》りみたいなものでしょうけれども……。

斎藤　すごく親しくて、例えば、「ミツバチ相手に防護《ぼうご》ネットをかぶらなくても平気」というような感じでしょうか。

大川隆法　うん。あのような感じで、ゾロゾロとたくさん来ているように視えます。もし、ご家族の方がいて、視えたりすると、ちょっと不気味《ぶきみ》かもしれませんが……。

斎藤　（木村に）人類の最先端の智《ち》を極《きわ》めるために、精進《しょうじん》を重ねて、秘密を得てください。

大川隆法　これは、もう、例外中の例外で、金縛りとしては、ちょっと……。

斎藤　はい。ちょっと……（笑）（会場笑）。いや、予想外の結果で、たいへん驚《おどろ》いております（会場笑）。

大川隆法　まあ、「金《かね》」になるなら構いませんが……。「カナブン」でもないし、金縛りというか、〝虫縛《むししば》り〟ですから……（会場笑）。

斎藤　はい、〝虫縛り〟ですね（会場笑）。〝虫縛り〟ということで……。

木村　はい。

大川隆法　結論は、〝虫縛り〟ですね。すみません。

斎藤　（木村に）天命に生きて、頑張《がんば》ってください！

木村　ミッションを果たしてまいります。ありがとうございました。

大川隆法　まあ、命に別状《べつじょう》はないですよ。大丈夫です。

木村　ありがとうございました。

斎藤　（木村に）「大丈夫です」とのことです。ありがとうございました。

6　File 05 金縛り体験　「青龍《せいりゅう》」がついている!?

小学生・学生・出家《しゅっけ》後にそれぞれ体験した印象的な出来事

斎藤　それでは、最後になりますが、「金縛《かなしば》り」の二人目の方、永井美好《ながいみよし》さん、どうぞ。

大川隆法　はい。どんな状況《じょうきょう》でございますか。

永井　最近はなくなったんですが、小学生のころから、やはり、寝《ね》ているときに、ときどき金縛りがありました。出家《しゅっけ》してからも、数は少なくなりましたが、ありまして……。

大川隆法　はい。

永井　近年でいちばん覚えていることとしては、部屋に誰《だれ》かが入ってきたのですが、体が動かなくて声も出ないので、どうすることもできなかったことです。

大川隆法　ああ。

永井　「誰か、近隣《きんりん》の人が来たのかなあ」とも思ったのですが、体が動かないので、確かめることもできなくて。

大川隆法　うーん。

永井　また、これは、この場で言っていいことなのか、よく分からないのですが、学生のころに、信仰《しんこう》を手放そうとしたときにも、毎日のように金縛りに遭《あ》っていたことがありました。

大川隆法　うーん。

永井　それから、もう一つ、金縛りとは別なんですが、一点、気になっていることがありまして……。これも、言っていいことなのか分かりませんけれども、一人で、幸福の科学学園のなかを車で走っているときに、一瞬《いっしゅん》、意識が〝飛び〟まして……。

大川隆法　意識が飛んだ？

永井　ハッと気づいたときには「危ない!!」と思ったのですが（笑）、少し道からそれて、山のところに車が登ってしまったことが一回だけありました。

それが、いまだによく分からないのです。

大川隆法　運転技術が下手だというだけではなくて？

永井　ええ、それもあるかもしれませんけど……（笑）。

斎藤　居眠《いねむ》り運転の可能性もあります（会場笑）。

永井　いちおう起きてはいたんですが……（笑）（会場笑）。

大川隆法　うーん……。

永井　多少、そこは疲《つか》れていて、一瞬、ボーッとしてしまったのかなというところもありますが……。

大川隆法　はい、分かりました。

霊体質《れいたいしつ》のため「幽霊《ゆうれい》」を感知《かんち》してしまう

大川隆法　では、これは、学生時代あたりから視《み》ればよいですか。それとも、もっと前からですか。

永井　小学生のときから、金縛りはよくありました。

斎藤　それでは、小学生時代からでしょうか。

大川隆法　小学生ぐらいのときから、そういう人が出てくる感じがするのですね？　では、かなり長くなりますが、小学生時代から、そのあとの学生時代、また、最近の自動車での出来事まで調べてみます。

（約二十秒間の沈黙《ちんもく》。右手をかざしながら時計回りに何度も回す）

う、うーん……？

（約五秒間の沈黙）

体質は、もう「霊体質《れいたいしつ》」ですね。完全に霊体質ですので、当然、いろいろなものを感知《かんち》すると思います。

だから、小さいころからの「金縛り体験」とか、人がいる感じがするなどというのは、いわゆる、「幽霊《ゆうれい》」を感知しているのだと思いますね。現実に入ってきていると思います。それを感知していますね。数多くの霊と出会っています。

（約十秒間の沈黙）

おそらく、最初のころは、昔に亡《な》くなった親族の方とか、あるいは、亡くなった近所の方あたりが来ていたのではないかと推定します。最初のころは、たぶん、そうだと思いますね。

学生時代の金縛《かなしば》りは「守護神《しゅごしん》」からの働きかけ

大川隆法　ただ、大学時代ぐらいまで大きくなってくると、どうなんでしょうか。学生時代ぐらいになると……。

（約十秒間の沈黙）

うーん……、少し、「守護神《しゅごしん》」のようなものが、もうついてはいる。守護神のようなものがついていますね。

やや霊体質なので守護神のようなものがついていて、確かに、「信仰から離《はな》れようとしたら、何か反応が出る」ということはあるだろうと思われます。それは、たぶん、「注意」しにくるのでしょう。

その守護神の姿ですが、うーん……、少し、何か、どこかのお寺の天井《てんじょう》に描《か》いてある、あの「鳴龍《なきりゅう》」のような感じが……。

斎藤　ああ、龍ですか。

大川隆法　うーん、龍ですね。龍に視えますね。顔は龍に視えるので……。

斎藤　（永井に）守護神が龍だそうです。

大川隆法　うーん。どこだったでしょうか。日光《にっこう》でしたっけ？　どこかにありましたよね？「鳴龍」って……。

日光東照宮薬師堂の鳴龍。
龍の絵の下で拍子木を叩くと、龍の鳴き声が聞こえると言われている。

斎藤　ええ。「鳴龍」は、ええ……、どこでしたっけ。

大川隆法　どこでしたか。（聴衆席《ちょうしゅう》にいる石川《いしかわ》理事長からの声を聞いて）東照宮《とうしょうぐう》？

斎藤　はい。東照宮にありましたね。

大川隆法　まあ、姿はあれによく似た……。今、パッと見たら、石川さんの顔に似ていますね。

斎藤　え！（会場笑）

大川隆法　何か、少し似ている……（笑）。

斎藤　いや（笑）、「東照宮」と教えてくださったのが石川理事長なんですけど（笑）

（会場笑）。

大川隆法 顔が多少似ていたので、少しびっくりしてしまいました。一瞬、似ていたのです。

ですが、（守護神のほうは）髭《ひげ》が生えていて、その髭が大きく二本出ているし、口が少し長いし……。そして、やはり、角《つの》のようなものがあります。

これは、「伝説の龍」のかたちをきちんととっていて、日本的な姿にもなっている龍ですね。

斎藤 （永井に）日本型の龍です。

大川隆法 ええ。日本型にもなっている龍なので、いわゆる、「龍神《りゅうじん》」だと思われます。龍神のなかでも、この龍は……。

（約十五秒間の沈黙）

うーん……、「青龍《せいりゅう》」ですね。「青龍」と言っています。

斎藤　青龍。

大川隆法　うーん。青い、青い。

斎藤　青い龍です。

大川隆法　青い龍だね。青龍というものに分類される龍です。

青龍《せいりゅう》の使命は「結界護持《けっかいごじ》の使命を持つ者」の防衛

大川隆法　この青龍《せいりゅう》というのが守護神をしていると思うんですが、いちおう、その使命は「防衛」ですね。

斎藤　防衛の使命をお持ちです。

大川隆法　うーん。防衛です。

でも、この防衛の使命は、「あなた個人を防衛する」という使命ではなくて、あなたが、「教団《きょうだん》の重要な部分を防衛する」という使命を帯《お》びているから、いるんだと思いますね。

斎藤　なるほど。「教団」、または「尊《とうと》い人」の防衛ということでしょうか。

大川隆法　そのために、この守護神はついていると思われます。

これは、「魂《たましい》のきょうだい」とは違《ちが》うと思うのですが、「守護神」と名乗っているので、そういう仕事上の使命があって、ついているのだと思われますね。

だから、警備しているのでしょう。

青龍は、四神《しじん》（青龍《せいりゅう》・朱雀《すざく》・白虎《びゃっこ》・玄武《げんぶ》）の一つであり、東方を守護している伝説の神獣である。なお、龍は釈尊の生涯にもたびたび登場し、仏法を守る護法善神とされている。

斎藤 はい。

大川隆法 要するに、〝宗教界のセコム〟（会場笑）。

斎藤 （永井に）〝宗教界のセコム〟の役割を果たしていらっしゃるということです。

大川隆法 そのように考えてよろしいかと思います。〝セコム〟ですね。〝セコム〟をやっているわけです。

斎藤 これは、「自分の魂」そのものというわけではなくて、例えば、指導霊《しどうれい》的についていらっしゃるということなんでしょうか。

大川隆法 うーん……。

（約十五秒間の沈黙）

魂的には、いろいろな転生《てんしょう》があるようですが、個人の「魂の使命」を一言《ひとこと》で言うと、やはり、「結界護持《けっかいごじ》」という感じの言葉が出てきます。

斎藤　なるほど。「結界護持」ですか。

大川隆法　これが、「魂の使命」というように出てくるので、やはり、宗教磁場《じば》と関係があるはずですね。

斎藤　（永井に）宗教磁場の形成能力に長《た》けている面があるとのことです。

大川隆法　ええ。関係あると思われます。

それで、「多少は力の強い者が協力しないと（宗教磁場を）護《まも》れない」ということで、いるのでしょう。

こういう人ですから、信仰から離れようとしたら、何らかの現象を現してくるのは当然かと思われます。

斎藤　「注意を与《あた》えるために、何かの現象を起こした」ということがあるようです。

大川隆法　ですから、昔に見たのは幽霊ですが、最近から学生時代の前後あたりまでは、その守護神の部分が出てきていると思われます。

「体外離脱《りだつ》能力」が出始めている

大川隆法　それから、幸福の科学学園へ行く途中《とちゅう》で、意識がふっと飛んだことについてですが、これが〝E.《イー》T.《ティー》〟かどうかは、どうでしょうかね。

（約二十秒間の沈黙）

少し、「体外離脱《りだつ》」の能力が出始めてはいるので……。

斎藤　ああ、「体外離脱能力」が？

大川隆法　ええ。出始めていますね。

斎藤　顕現《けんげん》しているみたいですよ。

大川隆法　ですから、車の運転のような単調な動きをしているときに、やはり、たまに、「離脱」することがあるようですね。

そういう意味では、もうそろそろ〝危険〟ではあります（笑）。そういった、長時間にわたる夜間などの走行であれば、きちんとこの世的に機能している人に、ある程度やってもらわないと、危険性はあるかもしれません。

斎藤　なるほど。

大川隆法　体外離脱してしまうと、運転手がいなくなる可能性が……。

斎藤　（笑）先ほど本人がおっしゃっていたような、「林のなかに乗り込《こ》んでしまう」ということが起きてしまうわけですね。

大川隆法　魂に少し〝その気《け》〟があるので、学園へ行く途中では、おそらく、魂のほうが、車より先に学園のほうに行ってしまったのではないかと思います。

斎藤　目的を入力すると、先んじて着地まで行ってしまうわけですね。

大川隆法　そう、そう。そちらに会いに行くのに、魂のほうが抜《ぬ》けて先に行ってしまい、こちらの肉体と車は置き忘れて、「あ！　しまった。まだ運転してたんだ」という感じで戻《もど》ってくるということなのではないでしょうか。

斎藤　（笑）すごいですね。ワープ機能みたいに、ボーンと先に行ってしまうわけですね。

魂《たましい》が抜《ぬ》け出てしまう「きっかけ」とは

大川隆法　そろそろ、ある程度の危険度があることは知ったほうがよいかもしれません。

斎藤　霊体質《れいたいしつ》、霊的能力のところでしょうか。

大川隆法　先ほどの竹内さんと同じで、何らかの〝任務〟が出ているようなので。

体外離脱（幽体離脱）
自分が肉体の外に出ている、あるいは自分の物理的な肉体を外から見ている、という感覚を伴う体験。霊体が肉体から遊離する体験である。

斎藤　ああ……。

大川隆法　まあ、「何でもかんでもやったらいい」というものではなくなってきていますが、「守られている」ことは確かです。

ただ、そのような目的があって、学園に着かなければいけないなどというようなときに、まどろっこしいと思うと、プッと〝抜《ぬ》けて〟いってしまうようなことがあるわけです。車が遅《おそ》いと思うのでしょうね。

斎藤　（笑）車が遅いようです。「霊速《れいそく》」ということですか。

大川隆法　ええ。車の速度が遅いので、もうまどろっこしくて、「ポッと〝飛んで〟いきたくなる」ような、そのままで「ピッと動きたくなる」ような感じが出るのではないかと思います。

だから、もし、会いたい相手が霊能者《れいのうしゃ》だった場合には、「あら、なんで、永井さんがここに来ているんですか」といった感じの会話が成り立つ可能性があります。自分が生きたまま〝幽霊〟になる可能性がある感じですね。

斎藤　（笑）ああ……。

大川隆法　「『あれ？　さっきまでいたのに……』と思っていたところに、しばらくしたら車が着いて、なかから本人が出てきた」などというような感じのことがありえるので、「ドッペルゲンガー現象」？

斎藤　はい。もう一人の自分がいる「ドッペルゲンガー現象」です。

大川隆法　そのようなことが起きる可能性があります。

斎藤　では、霊がボーンと行ってしまって、「肉体と霊と、二つ存在してしまう」というようなことでしょうか。

大川隆法　そう、そう。「二人いる」という感じでしょうか。「あれ？　さっき会ったのに、また来た」というようなことがありえるでしょうね。

斎藤　はああ。

大川隆法　ただ、今、言ったのは、闇夜《やみよ》での長距離《ちょうきょり》の運転だとか、意識が遊離《ゆうり》するような、「単調な動き」のときですね。

斎藤　はい。まどろんでしまうような状態。

ドッペルゲンガー現象
同じ人物が、同時に複数の場所に姿を現すような現象のこと。体外離脱した霊体が視覚化された可能性も示唆される。
17 世紀、修道女であるマリア・デ・ヘスス・デ・アグレダ（上）は、修道院にいながらにして、海外で伝道をしていたという（バイロケーション現象）。

大川隆法　これは、電車のなかでもありえるのですが、この「単調な動き」がずっと続いて、退屈《たいくつ》して、何かするようなときに起きやすいと思うのです。

ですから、「もう一人の自分を見る」ようなことだってありえるし、「実際に二人いた」というような目撃《もくげき》証言が出るようなこともありえるわけです。

「分身《ぶんしん》の術」と言えば「分身の術」ですが、別な言葉で言えば、「テレポーテーション（瞬間移動）」？

斎藤　「テレポーテーション」能力。

大川隆法　ええ。そういう能力のようなものが出てきていると思われます。

斎藤　ああ……。

●テレポーテーション　自身の肉体等の物体を、物理的に距離の離れた空間に瞬間移動させること。物体をいったん霊的存在に換え、霊界を通じて移動させたのち、再び、この世に出現させるという一種の超能力である。

特定の人物を金縛《かなしば》りにさせる可能性を秘めている

大川隆法　逆を言えば、例えば、あなたのような人（斎藤）を、もう腹に据《す》えかねて、「なんとか呪《のろ》い殺してやろう」と思ったならば、夜に、部屋で禅定《ぜんじょう》して、「斎藤さんのところへ行って、少し苦しめてやろうか」と思うと……。

斎藤　え！　「ぎゅっ」とかいって……。

大川隆法　そのように念《おも》ったりすると、髪《かみ》が長くて、背の高い女性があなたの枕元《まくらもと》に立って、「幽霊が自分に金縛《かなしば》りをしに来たのかな」と思うような、あなたが襲《おそ》われるようなことを起こそうと思えば、起こせなくはないわけです。

斎藤　いや（笑）（会場笑）。つまり、この方は、金縛りを「される側」ではなくて、「する側」ですかね？

大川隆法　例えば、あなたが、今、教団の利益を損《そこ》なうようなことを、腹に一物《いちもつ》持っていて、何か悪いことをしようとしているとなったら、「首の周りをくるっと巻いてやろうか」というぐらいのことを、やれないことはないような感じですね。

斎藤　たいへん恐《おそ》ろしい事態です（会場笑）。

そのような能力をお持ちであるようですね。

能力が発現《はつげん》してきたようです。

大川隆法　ええ。霊能力として、「魂《たましい》を分離《ぶんり》して飛ばす可能性がある能力」が出てきていると思われます。

エマニュエル・
スウェーデンボルグ（1688～1772）
スウェーデン王国出身の科学者・神学者・神秘主義思想家であり、生前は、体外離脱体験による霊界探訪記を大量に著した。

基本的には〝宗教界のセコムの神様〟的存在

大川隆法　ですから、もう少し〝偉《えら》く〟ならなければいけないのかもしれません。もう少し下《した》っ端《ぱ》の人に、そういう役をきちんと引き受けてもらわないといけない部分があるのかもしれませんね。

斎藤　何か、単調なことをしていると、魂が出てしまう可能性があると、ご指導いただきましたから。

大川隆法　ええ。おそらく、運転中ではないときでも、ときどき、そうなっているのではないかと思われます。

「読書」をしているときや、「瞑想《めいそう》」をしているとき、あるいは、「詩」を書いているようなときなどに、ときどき抜けて、魂が遊離しているのではないかと推定されます。ふっと、われに返るような瞬間が、何度も出てきているのではないかと思うのです。

これは、もう「逃《に》げられない」と見たほうがよいでしょう。そういう人生ですよ。

斎藤　（笑）（永井に）そういう天命だそうです。

大川隆法　そういう人生だと思いますね。

その代わり、「邪悪《じゃあく》なるものを撃退、退散させる力」もあるわけなので、きっと、役に立つこともあるでしょう。

先ほどの、虫の親分が寄ってくるような人などは、一祓《ひとはら》いしてもらえば金縛りがなくなるかもしれません（笑）。

斎藤　（永井に）多くの人々の幸福のために、能力をお使いください。

大川隆法　ええ。基本的には、〝セコムの神様〟ということです。

斎藤　〝宗教界のセコム〟役ということだそうです。ご自覚はありますか。

永井　ないです。

斎藤　あ、ないですか。

永井　はい。

斎藤　自覚がないのであれば、もっと危ないですね（笑）（会場笑）。運転には、よく注意をされて……。先ほどは、「居眠り運転」と申しまして、すみませんでした。

永井　（笑）（会場笑）

二十メートルの青龍《せいりゅう》が何者も寄せつけない

大川隆法　あとは、そうですねえ……。うーん……。まあ、その龍神《りゅうじん》が戦っているところは、やはり、「結婚《けっこん》したい」と思うような想念《そうねん》が出てくるときには、爪《つめ》を立ててくる……。

斎藤　ビリビリッと？　爪を立てて、注意を与える。

大川隆法　ええ、爪を立ててくるので、度が過ぎたときには、何らかの「反作用」として、何か、本人に、バケツで水をぶっかけられたような現象が起きる可能性はあると思いますね。

斎藤　なるほど、注意を受け、勧告《かんこく》されるみたいですね。

大川隆法　こんな大きなものが見張っているなら、もう逃げられません。

斎藤　あ、青龍《せいりゅう》は、けっこう大きいんですか。

大川隆法　ええ、大きいです。

斎藤　はあ。

大川隆法　うーん。全長は二十メートルぐらいありますね。

斎藤　二十メートルだそうです（会場笑）。

大川隆法　こんなものが、目玉をギョロッと剝《む》いて見張っているわけですから、無理ですよ。男なんかが寄ってきたら、〝ぶち殺され〟ます。

斎藤　（笑）（会場笑）

大川隆法　完全に〝殺され〟ますね。普通《ふつう》は一撃でやられます。一発で〝取り殺され〟ますね。

ただ、このくらいのものがついていれば、宇宙人に対しても大丈夫《だいじょうぶ》なのではないですか。怖《こわ》くて、あまり寄ってこられないと思いますね。

ですから、大丈夫とは思いますが、いちおう、「孤独《こどく》な瞑想」のときのように、心に隙《すき》ができるときには、少し体外離脱する傾向《けいこう》が出てきているようなので、そこで、若干《じゃっかん》、「心の迷い」のようなものが強いときには、邪霊《じゃれい》などに狙《ねら》われる可能性がないわけではありません。

まあ、向こうとの親近性が非常に強くならないかぎりは、そうならないとは思いますが、隙をつくりすぎた場合には、そちらからの影響《えいきょう》が少し出てくることもあるかもしれませんね。

「運命」だと思って身を任《まか》せるしかない

斎藤　「金縛り」と思われたことは、ご自身の霊体質によるものや、「今、新しい能力の開発によって、さまざまなシグナルが霊界《れいかい》からきている」ということでもあったようですので、必ずしも、「金縛りは悪いものの障《さわ》り」ということではないようです。

大川隆法　ですから、金縛りではなくて、「斎藤を縛ってやろう」と思って、夜に念を発《はっ》してもらったら……。

斎藤　（永井に）やめてくださいよ（笑）（会場笑）。ぜひ、それは、ご勘弁《かんべん》を頂ければ……（笑）。

大川隆法　（笑）ギュルギュルに巻き上げられたらどのようになるのか、少し、一回……（笑）。

斎藤 〝人体実験〟だけはちょっと……（笑）。

大川隆法 もう、キューッと絞《し》め上がるかもしれませんけどね。

斎藤 はい。ときどき、何かあるような気もしていますけど（笑）。

大川隆法 そのように、金縛りができるかもしれません。

斎藤 はい。そのときはお使いください。

大川隆法 まあ、そういう「体質」です。

しかし、これは運命なので、身を任《まか》せたほうがいいと思います。なるようにしかならないでしょう。

この類《たぐい》のものが出てくる場合は、もはや、「運命」だと思ったほうがよいと思います。「天命」を果たさないでは済まないわけです。

斎藤　これは、いわゆる「プロレベル」ということでしょうか。

大川隆法　ええ、そういうことですね。

斎藤　（永井に）専門的なプロレベルの方がついていらっしゃるようです。

大川隆法　やはり、〝セコム〟が何も反応しなかったら、もう、機能しないではないですか。

斎藤　はい。

大川隆法　ですから、「〝セコム〟は、いちおう出撃しなければいけない」ということですね。

「金縛り」というよりは、「自分でも縛れるような人」でもあるし、「自分を縛っておかないと、肉体から出てしまう可能性がある人でもある」という感じでしょうか。

斎藤　また、極《きわ》めて珍《めずら》しい結論に達しました。

霊的《れいてき》存在を信じて見れば「違《ちが》う世界」がある

大川隆法　調べたのが宗教団体だと、〝変な感じ〟のものになりましたね。

斎藤　はい。特に、金縛り二名が……（笑）。

大川隆法　今回、調べたケースは、「心理学」や「医学」のほうとは、全然関係のない世界でした。彼らは、適当に、いろいろと〝分類〟するかもしれませんけれども、

「霊的《れいてき》な存在があるとして見た世界には、違《ちが》うものがある」ということですね。
今回のリーディングで、「ＮＨＫへのご進講《しんこう》」になったでしょうか（笑）。

斎藤　はい。これで、アブダクションが三名、金縛りが二名の透視《とうし》を終了《しゅうりょう》いたします。

大川隆法　若干《じゃっかん》、〝怪《あや》しかった〟（笑）ケースが多かったから、今回、調べたなかで誰か、「宇宙船」のなかに入っていてほしかったですね。

斎藤　はい。

大川隆法　まあ、とりあえずは、そういうことにしましょうか。どうもありがとうございました。

斎藤　ありがとうございました。

第2章　エイリアン・アブダクション追加リーディング

二〇一四年四月十二日　収録

東京都・幸福の科学　教祖殿《きょうそでん》　大悟館《たいごかん》にて

〔質問者〕

武田亮《たけだりょう》（幸福の科学副理事長 兼《けん》 宗務《しゅうむ》本部長）

斉藤愛《さいとうあい》（幸福の科学理事 兼 宗務本部第一秘書局長 兼 学習推進室顧問《こもん》）

〔対象者〕

《アブダクション》

牧野恵《まきのめぐみ》（幸福の科学宗務本部第一秘書局チーフ）

伊藤秋見《いとうあきみ》（幸福の科学宗務本部第三秘書局職員）

［役職は収録時点のもの］

1　File 06 アブダクション体験　ＵＦＯにさらわれた女性

アブダクションの「情報量」を増やすことが大事

大川隆法　先日、幸福の科学総合本部において、「宇宙人によるアブダクション」、「さらわれるという現象の経験」があるのではないかと思われる方を、三人ほどリーディングしてみました（第1章参照）。

その後、身近というか、幸福の科学の宗務《しゅうむ》本部のほうでも、「似たような経験がある」という方が出てきました。こういうものは、〝サンプル〟をできるだけ集めたほうがよいので、どういう手口があるかをいちおう調べてみます。知ってしまえば、怖《こわ》くない面もあるので、情報量を増やしておくことがいちばん大事かと思います。

パラパラに、いろいろなときに録《と》って集めていったものが、次第《しだい》に「体系化」していって、やり方が分類されてくるとは思うので、「こういうことをするのだな」と知っていれば、かなり安心するでしょう。

宗務本部の方で似たような体験をした人が二人いるようで、気になってしかたがないので、今日は、それを調べてみようと思います。

事前に話を聞いた感じでは、もしかしたら、今日は怖いものが出てくる可能性がやや高いかもしれません。

前回の対象者は、アブダクションが未遂《みすい》に終わって、宇宙船まで行きませんでしたが、「もしかすると、未遂ではないものがあるかもしれない」という感じがありますので、調べてみたいと思います。

金縛《かなしば》りの状態になり、首元に針を刺《さ》された感覚がある

大川隆法　それでは、最初の方です（笑）。

あまりに生々《なまなま》しい表現になったら、お許しください。そのようになる可能性が多少感じられます。

（武田《たけだ》に）「××××」という感じの伏《ふ》せ字になりますかね？

武田　そうですね。

大川隆法　「○○」の「××」のような感じになるかもしれません。（上映時には）顔にぼかしが入る可能性もあります。

武田　（笑）

大川隆法　（笑）まあ、分かりませんが、「もしかしたら、怖いのではないか」という感じがあります。

（牧野《まきの》に）それで、どんな経験をなされましたか。

牧野　一回目は、三年ぐらい前、明け方の朝五時ぐらいだったんですけれども、自宅のベッドで寝《ね》ていて、パッと目が覚めたのです。横向きで寝ていたので、後ろに何か気配《けはい》を感じたんですけれども……。

大川隆法　後ろに気配を感じた？

牧野　その瞬間《しゅんかん》、体が動かなくなって、金縛《かなしば》りの状態になったんです。そのまま、首元に針をプスッと刺《さ》された感じで、その刺されたあとは、なぜか非常に喪失《そうしつ》感みたいなものがあって。

「何かをされた」という感覚がすごくありました。

大川隆法　「何かをされた」という感じがする？

牧野　その後、特に気にしていなかったんですけれども、夢のなかで、白い空間にあるベッドの上に自分が仰向《あおむ》けに寝ていて、何人かの〝人〟というか……。

大川隆法　典型的なものですね。

牧野　（笑）気配……、人のような形のものが、何人かで私の体を上から見ている状態で……。

大川隆法　ああ、なるほど。

牧野　でも、それは、その部分しか覚えてなくて……。

大川隆法　それは、その日ですか。

牧野　それはまた、全然、別の日です。その部分しか覚えていないんですけれども。

夢で見た「白い小型の猿《さる》」のような存在

牧野　その後、いろいろな人にその話をしたときに、「（幸福の科学の）『悪質宇宙人撃退祈願《げきたいきがん》』を受けたほうがいい」と勧《すす》められて。刺されたところなどが、かなり凝《こ》って……。

大川隆法　おお……。

牧野　なんか痛いというか、固くなっていたので、睡眠《すいみん》も、あまり深く取れない状態になっていたのですが、半年前ぐらいに祈願を受けたら、体がすごく楽になったんです。

でも、その祈願を受けた一週間後ぐらいに、また夢で、白い小型の猿《さる》みたいな……。

大川隆法　〝猿〟？

武田　（笑）（会場笑）（注。質問者の武田は、以前、宇宙人リーディングで、ケンタウルス座α《アルファ》星の猿型宇宙人であったことが判明している。『宇宙からの使者』（幸福の科学出版刊）参照）

牧野　真っ白くて毛がフサフサで……。

大川隆法　（笑）（会場笑）怪《あや》しい……。

武田　白ですね？

牧野　白です。顔の真ん中だけが茶色です。

それで、すごく憎《にく》しみを込《こ》めた思いで、私に、「牧野恵《めぐみ》をぶっ潰《つぶ》してやる」という言葉というか、思いを発して、足下《あしもと》をサーッと去っていったんですよ。

大川隆法　おお！

牧野　でも、去っていくときに、また針を二回ぐらい……。

大川隆法　今度は足に？

牧野　はい。

大川隆法　腿《もも》？

牧野　腿です。

大川隆法　二回ぐらい刺されたような気がする？

牧野　二回ぐらい刺されて、この世のものではない細い感じだったんですけれども、朝、目覚めたとき、そこがすごく痛かったというか……。

大川隆法　ああ、〝物理的〟に痛い感じがした？

牧野　まだ「実感」があって、そこを触《さわ》ったぐらいだったので、実際に何かされたのかなと思います。

「エイリアン・アブダクション」の真相をリーディングする

大川隆法　これはかなり生々《なまなま》しいです。

特に前半の話は、アメリカでよく聞く、「エイリアン・アブダクション」のスタイルに似すぎている感じがしますね。

意外に、彼女は私に近いあたりにいるので、（宇宙人が）情報を取りに来ている可能性がないわけではないでしょう。何かに使える人はいないかどうか、〝探《さぐ》り〟を入れている可能性がありますね。

「前半」と「後半」がありますが、今日も宇宙関連なので、リエント・アール・クラウドと、さらに心霊《しんれい》現象全般《ぜんぱん》に関係するかもしれませんので、エドガー・ケイシーの二人に「指導霊《しどうれい》」として参加してもらおうと思っています。

では、その現象の内容について、解明してみたいと思います。

もし、あなたが感じたものが本当のことで、「異星人に何かをされている」というようなシーンが本当に出てくる場合、描写《びょうしゃ》してもよろしいですか。

牧野　はい。

大川隆法　（笑）ちょっと生々しいかもしれませんし、恐怖《きょうふ》になるかもしれませんが、ほかにも似た経験をした人がいますから、これは対比上、いちおう行《おこな》っておいたほうがよいと思います。

また、来年は、「UFO学園の秘密」という「宇宙の法」の序章に当たる映画もつくりますので、こうした情報は「あればあるほどよい」でしょう。

それでは、行わせていただきます。

場合によっては、あなた（牧野）は、職業上の危機につながる可能性がありますね。もし、何かが、完璧《かんぺき》にインプラントされているというか、埋《う》め込まれていると、危険度は「A」ですね。

武田　そうですね。

斉藤　みんなでお護《まも》りしますので。

大川隆法　そうですか。まずは、事実を突《つ》き止めることが大事かと思いますので、対策はそのあとですね。

では、牧野さんが経験されたことについて、真実は、どのようなものであったのか、その真相について、リーディングを開始したいと思います。

（瞑目《めいもく》し、顔の前で両手を交差させる。約二十五秒間の沈黙《ちんもく》）

「白いウェットスーツのようなもの」を着た者が現れる

大川隆法　うん……、確かに、今、視《み》えているのは、うーん……、人型《ひとがた》で視えるのは……。私は、左後方の斜《なな》め上ぐらいから見下ろしている感じで視ているのですが、ぴったりとした、何と言うか、〝ウェットスーツ〟？　海女《あま》さんが水に潜《もぐ》るためのような？　ウェットスーツのようなピタッとしたスーツです。〝白いウェットスーツ〟ですね。

頭もツルッとしていますが、それだけではなく、腕《うで》から足まで、白っぽく視えます。銀かもしれませんが、今のところ白に視えます。白っぽいウェットスーツのようなものを着た姿で、正面の顔が見えないような感じです。斜め左後ろから見えていて、（両手を前に出す）こういう感じで迫《せま》っているところが視えます。

たぶん、前にあるものはベッドかと思われるのですが、まず、これが今、視えています（瞑目し、牧野に右手をかざす）。

（約十秒間の沈黙）

そのあと、（牧野の）体を縦にしたな。縦にして、背中を見せて……。窓側というのは、寝ているところから視ると、右側ですか？（牧野が頷《うなず》く）では、合っていますね。右側ですね。体を右側に向けて、今、体を横に起こしました。

でも、起こす前に、もうすでに、その白いウェットスーツのようなものを着た者はいますね。ベッドでいうと、左足側のあたりから視ている感じで、その間《あいだ》に牧野さんは、このように（手で体を横にするしぐさをする）体の向きを変えて、今、横になりました。

それからどうなったでしょうか。（瞑目し、牧野に右手をかざす）

（約五秒間の沈黙）

耳の辺《へん》が視えてきますね。左の耳のほうが視えてきます。それで、耳の下のあたりの場所を確認している感じがします。実際にはホクロがあるかどうかは知らないですが、そのあたりに「黒い点」のようなものが視えてはいるんですよね。それが視えます。

「大きなアーモンド型の黒い目」をした二人のエイリアン

大川隆法　それから、いよいよですか。これは、もしかすると、そのあとは……（瞑目し、牧野に両手をかざす）。

（約十五秒間の沈黙）

うん？　もう一人出てきました。二人になりましたね。体はそんなに大きくないですね。小学生ぐらいの大きさだと思われます。

でも、同じく白いウェットスーツのようなコスチュームを頭までツルッと被《かぶ》っているように視えます。まだ正面が……、顔が視えないんですよ。正面の顔が視えないのですが、今、ちょっと横から視えました。

ぴったりとした、何だろう？　花粉避《よ》けのサングラスのような？

武田　ゴーグル……。

大川隆法　ああ、「ゴーグル型の眼鏡《めがね》」をかけています。白いスーツのなかにゴーグル型の眼鏡がかかっているように視えます。やや黒っぽいゴーグル型の眼鏡をピシッとつけているので、皮膚《ひふ》で出ているところはないように感じられます。

手の部分をもう少し視てみます。

今、二人いますね。会話をしています。手も手袋《てぶくろ》のようで、やはりウェットスーツがつながっていて、薄《うす》くて白い、うーん、ゴムかどうかは分からないけれども、薄いスキンのような手袋を着けていますね。二人で目を合わせて……。

でも、ゴーグルのように視えていますが……。ああ、今、右側のほうに……、ベッドがあって、その奥《おく》側のほうの者が、手前のエイリアンのほうに向いたのですが、その目は、やはり、いわゆる「アーモンド型」に近いです。「大きなアーモンド型の黒い目」が、ゴーグルのように、ちょっと視えているのかもしれません。ややゴーグル型にも視えますが、「アーモンド型のような目」に視えますね。

相手の顔が視えました。全身がこのような姿であれば、確かにアイデンティファイ（見分ける）は不能ですね。なかに何者がいるかは分かりません。

何か、「聞こえない会話」をしているというか、「テレパシー」かもしれませんが、意思の疎通《そつう》をしているのが分かります。そして、いちおう二人がかりですね。

左耳の下あたりを「注射器のようなもの」で打たれる

大川隆法　それで？　それから、どうするのか（瞑目する）。

（約五秒間の沈黙）

ええとですねえ、前にいるほうの人が、牧野さんの頭の上と、こちら（後頭部）側の二カ所を、頭が動かないように押《お》さえました。今、押さえました。

押さえて、できるだけ向こうに回り込もうとしていますね。頭のほうに回り込もうとしています。首が動かないようにしようとしているのだと思われます。

そして、後ろ側にいたほうが、うーん……、左側の膝《ひざ》をベッドの端《はし》のほうにかけて、右足を床《ゆか》のほうに立てていますね。左足のほうを乗せた形で、牧野さんの左腕のこのあたり（自分の上腕部を触る）を左手でつかみました。

そして、右手が接近していきました。手に持っているものは、（約五秒間の沈黙）うーん……、いちばん似ているものは、何かと言えば、やはり注射器です。

この〝注射器〟の感じから連想するものは、今では打つ回数が少なくなっているのですが、私が小学校のころはＢＣＧ（結核《けっかく》予防のためのワクチン）というすごく痛かった注射がありました。そのように、大きな注射で腕に打たれたことがあるのですが、あれに似たような少し太めの注射器です。目盛《めも》りがあり、なかに液体が入っていて、先に針が付いている感じです。

今のところ、基本的には、ピストンのように後ろから押せるタイプの注射器のようなかたちに視えています。

先ほど左耳の下のあたりに「黒い点」が視えました。これが、印《しるし》を付けたものなのか、もともとあったものなのかは分かりませんが、ここの所に後ろ側の者が……。（牧野の）体が横になっていますが、垂直より少し右側の角度から注射針のようなものを刺していると思います。

一瞬、本人が何かを感じました。何か〝差し込まれた〟ことを感じたと思います。このときに感じたと思います。

それから、注射器のようなもののなかの液体を打ち込みました。スーッと打ち込みます。これが……、何ccぐらいだろう？　血液を抜《ぬ》かれるときの量から推定すると、うーん……、五十ccぐらいはあるかもしれません。何となくスーッと体のなかに入っていく感じがします。

ですから、一瞬、何か異物感が伝わってきたのと同時に、そのあと緩《ゆる》やかに神経系

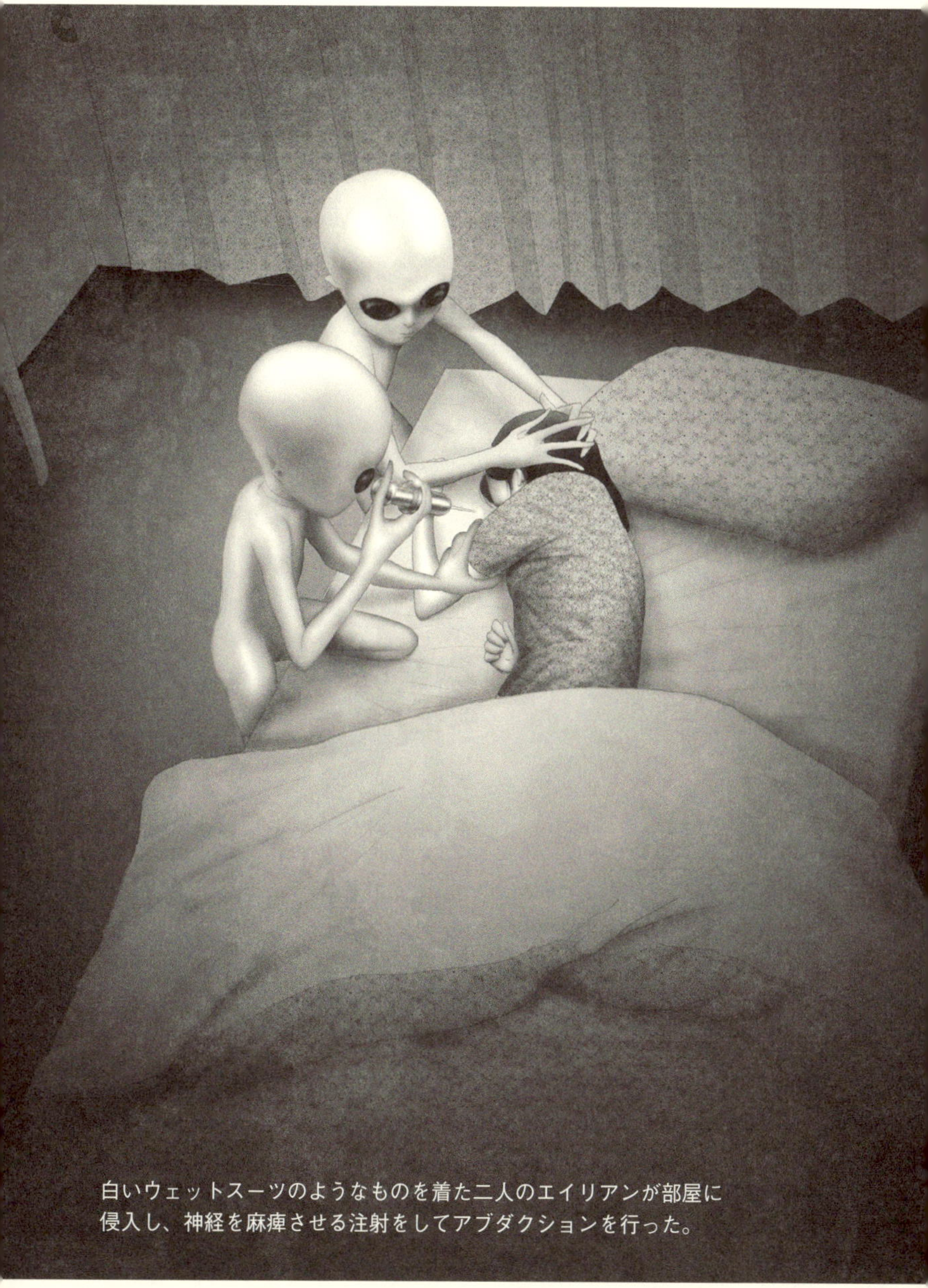

白いウェットスーツのようなものを着た二人のエイリアンが部屋に
侵入し、神経を麻痺させる注射をしてアブダクションを行った。

統が麻痺《まひ》していくのが感じられます。これは、何か……、そうですね、神経系統の麻痺を目指していますね。

こういう場合は、たいてい、そのあとは「手術」です。

それにかかった時間は、うーん……、所要時間は一分以内……、一分もかかっていないですね。すごく速いです。横に立って、注射まで、一分以内に全部終わっていますね。

「アダムスキー型に似た円盤《えんばん》」が光を発しながら降りてくる

大川隆法　それからあとは（約十秒間の沈黙）窓側のほうから……、これは肉眼で見える光線なのかどうかは、私には分からないのですが、私の目には視えています。向かって右側の窓の上層部から、「アダムスキー型」にも似た、〝スカート〟がある円盤《えんばん》のようなものが降りてくる感じに視えます。

（円盤の）裏側からはオレンジ色の光を発していて、上のほうはやや暗いのではっきりは視えないのですが、「スカート型」で、上がポコッと出ています。潜水艦《せんすいかん》の〝頭〟

のような、艦橋《かんきょう》のようなものがポコッと付いているタイプです。昔、よく見られたタイプのものだと思います。

その円盤の〝スカート〟の部分を裏側から視ると、もちろん平たいのですが、蜂《はち》の巣のように、うーん……、ライトが一個、二個、三個、四個、五個、六個ですね。裏側に六個の丸いライトが付いていて、真ん中の部分が、今のところは光っていないですけど。これが近づいてきています。

これが肉眼で見えるものなのか、霊眼《れいがん》で視えているものなのかは、今のところ、まだ分かりませんが、私には円盤の〝スカート〟から発されている光が、ガラス戸のようなものを通して鈍《にぶ》い光になり、部屋のなかへ射し込んでいるように視えます。

あるいは、そうですね、人によっては、朝日か何かのように感じることもあるかもしれません。そういうものが近づいてきました。

そのあとに起きたことは……、（円盤が）外側に停《と》まっていますね。

これは、おそらく、（三角形の形を右手で描く）こんな感じの動き方ですよ。（右手で円盤の形をつくる）こういう円盤が、（三角形の形を右手で描く）こんな感じの動

窓の外には、アダムスキー型に似た形のＵＦＯがオレンジ色の光を放ちながら浮いていた。

き方をしています。空中に停まっているんですが、一カ所にジッといるのではなくて、こういうかたちで動いていますね。トライアングル風に動いています。

それで、今、こちらに少し傾《かたむ》いて、裏側を少し見せました。

裏側を見せてライトが出ていなかった真ん中の部分が、今はグーッと飛び出してきて、それがチューリップの花が咲《さ》くような感じでパーッと開《ひら》いてくる様子が視えます。

「ホワイトグレイ」に連れられて円盤《えんばん》のなかに入る

大川隆法　そして、そのあとに来るものは……（約五秒間の沈黙）。たぶん「グレイ型」と思われます。これは「ホワイトグレイ」（前掲《ぜんけい》『グレイの正体に迫る』〔幸福の科学出版刊〕参照）でしょうか。白いものが出てきました。ホワイトですから、ホワイトグレイですね。

そして、ホワイトグレイの二人に連れられていきます。要するに、右手と左手の両《りょう》脇《わき》のところを抱《かか》えられて一緒《いっしょ》になって、三次元の物理現象を超《こ》えて、そのままスーッと抜けていっていますね。

二人のホワイトグレイに両脇を抱えられて、ＵＦＯ内に連れ去られた。

スーッと空中に抜けていって、話に聞くような感じで（円盤《えんばん》の）下の開いた部分から入っていっていますね。

距離《きょり》的には……、うーん……、十メートルぐらいに感じるでしょうか。十メートルはないかなあ。まあ、十メートル弱ぐらいの感じですが、スーッと入っていきました。

この時間は……、三十秒ぐらいです。スーッと入りましたね。

このように、〝注射〟を打たれたあと、（円盤に）スーッと吸い込まれるように入っていって、開いた睡蓮《すいれん》のようなものが閉じて、また元に戻《もど》っています。

上空にある、もう一段、大きな円盤《えんばん》のなかに吸い込《こ》まれる

大川隆法　それから、（右手を下から上に上げる）こんな感じで、（円盤《えんばん》は）ヒューッと上がっていって、うーん……、どのくらい上がったかなあ。

ヒューッと上がっていって、たぶん高度はまあ、一千メートルまでは行ってないのではないかと思うんですが、何か「雲のようなもの」のなか……、雲か何かは分かりませんけれども、雲のようなものが視えて、そのなかに入っていきました。

そのなかで、「さらに大きなもの」が、その雲のようなもののなかにいるんですね。もう一段、大きいものです。もう一段、「大きな円盤」がいます。

この円盤は、どのくらいあるでしょうか。

うーん……、まあ、そうですね、形で言うと、〝麦わら帽子《ぼうし》〟を大きくしたような形に近くて、こう、「外側の部分」はすごく大きく感じられますが、「真ん中」は出っ張っています。そうですね、麦わら帽子のようなスタイルにかなり近いです。

今、乗ってきたものは、たぶん「着陸用の小型のもの」だと思われます。

それが、（大きな円盤の）真ん中から吸い込《こ》まれていくのですが、いわゆる「アダムスキー型」によく出るような、折りたたみ式かもしれませんけれども、下に車《くるま》のようなものがあります。飛行機が離着陸するときに出るようなものが何個か出ているのが視えます。その真ん中の所から穴が開《あ》いて、スーッと吸い込まれるような感じで入っています。

ＵＦＯは上昇していき、さらに上空に待機していた、麦わら帽子型の巨大な母船のなかに吸い込まれていった。

四人のホワイトグレイが待つ〝手術室〟に運ばれる

大川隆法　そして、扉《とびら》が閉じました。

それからあとは、なかに入っていきますが、病院のなかによく似た感じになってきています。

ホワイトグレイがほとんどなので、本当に白衣《はくい》を着ているような感じに視えるのです。いちおう、ホワイトグレイスタイルの人がほとんどでしょうか。今、視えるところはそうです。なかで四人ぐらいが待ち構えていた感じでしょうか。

それで、下に車が付いた寝台車《しんだいしゃ》のようなものに乗せられました。いちおう足のところと、手のところとは革のベルトのようなもので、その寝台車に縛られているというか、セットされた感じで引っ張っていかれています。

（大型の円盤に）入ったところからの移動距離は、う〜ん……、七メートルぐらいかなあ。七メートルぐらい移動しましたから、たぶんＵＦＯの大きさ自体は直径で見ると三十メートルぐらいかと思います。そのくらいのＵＦＯだと思います。

七メートルぐらい移動して、（牧野を）運び込んで行ったところは「丸い部屋」で、いろいろな器具があります。一種の「手術室」のような感じに視えます。その真ん中のところに、その寝台車のようなものが引っ張っていかれました。

彼女が寝ている姿の上のほうには、やはり、いろいろな照明のようなものなどがあります。

要するに、病院にあるようなライティングができる照明のようなものとか、レントゲンのようなものとか、いろいろ調べられるようなものが上にあるように視えますね。一部には、マジックハンドのように曲がりながら出てくるようなものもあるように視えます。

その周りに、なかで待っていた四人と、今、連れてきた二人との六人がいます。連れてきたほうの二人は、足下《あしもと》のほうから見ている感じなのですが、あとの四人が、たぶん、医者のような立場にある人たちなのではないかと思われますが、彼女を両側から二人ずつで見ています。

だから、たぶん、先ほどの〝注射〟は、ある種の麻酔《ますい》なのだろうと思いますね。「肉

医者らしき４人のホワイトグレイの待つ〝手術室〟のような部屋に運ばれ、医学的な検査が行われた。

体的感覚」、「神経系」を麻痺させるものだと思います。

アブダクションの目的は「特殊《とくしゅ》な人」を調べること

大川隆法　寝ている彼女の頭の左側のほうに立っている者は……、「ホワイトグレイ」ですね。頭は大きくて、首や体が細く、手も足も細いです。

身長は、どのくらいでしょうか。百二十センチぐらいでしょうか。頭は大きいですが、体や手足は細いですね。

これがリーダーかと思うのですが、何を言って、何をしようとしているのですか？

（約五秒間の沈黙）

「やはり、服は脱《ぬ》がせざるをえないね」という話をしています。

うーん、描写をどうしたらよいか、ちょっと私には、あのー……、すみません。まあ、いちおう、服を着ていたのでは困るようです。男性のみなさんは、あまり興奮をなされないでください。いちおう、裸《はだか》にされているように視えます。

でも、普通《ふつう》の手続きで裸にしているような感じには視えないんですよ。どのようにするのかは分からないのですが、手も足も縛られている状態であるはずなのに、マジックのように、何かのスイッチを押して、ピカッと一瞬、「紫色《むらさきいろ》の光線」のようなものが、全身に当たったら、服のほうが、どこかに片付けられてしまって、裸にされている感じで乗っているのです。そんな感じになっています。

（牧野に）ごめんなさいね。うーん……、困ったなあ。これは描写がちょっと難しいのですが……（苦笑）。

彼女を調べようとしているようですが、目的は何なのでしょうか。（宇宙人に）教えてください。目的は何なのでしょうか？


（約五秒間の沈黙）

キャプテン、キャプテン……。この目的は何なのですか？

（約十秒間の沈黙）

うーん……。

（約十五秒間の沈黙）

何か「特殊《とくしゅ》だ」ということを言っています。「特殊な人なんだ」と言っている感じがします。

何が特殊なのかなあ。何が特殊なのですか？

（瞑目し、約十秒間の沈黙）

何か、普通の人間と違《ちが》うところがあるらしいのですけれども……。

武田　それは何でしょうか?

大川隆法　何が違うのだろう。（牧野に）「あなたには、何か、普通の人間と違うところがあるのだ」と言っています。何か、普通の人にない〝装置〟が体のどこかにありますか?「何かが特殊なのだ」と言っているのですけれども……。

牧野　汗《あせ》をかきやすい……。

大川隆法　汗をかきやすい?　まあ、汗をかく人はほかにもいるから、それは特殊ではないですねえ。

武田　何か機能を持っているということですかね?

大川隆法　うーん、普通の人間と違うものが、何かあるらしくて、それが珍《めずら》しいらしいので、調べているんですねえ。

何が特殊なのかというと……。

（瞑目し、あごに右手を添《そ》えて、約十五秒間の沈黙）

うーん、「内臓」の〝螺旋《らせん》の形〟が普通の人と違うらしい。

武田　そうですか（笑）（会場笑）。「内臓」の〝螺旋の形〟が違うと？

大川隆法　うーん。

斉藤　左右反転している人などは確かにいらっしゃるのですけれども、そういう系列ですか？

大川隆法　何か、「内臓の構造が普通の人と違うのだ」という……。

武田　言われたことはありますか？

牧野　ないです。

武田　ないですか。

大川隆法　何か、「違う構造」を持っているらしいので、怪《あや》しいですね。

武田　なるほど。

大川隆法　内臓の構造が普通の人と違っていて、そして、「消化器系の仕組み」が、これも、また、普通の人間と少し違うらしいんですね。

武田　あ、違うのですか？　ほう。

大川隆法　「食物を消化して栄養を吸収するプロセス」と、その「仕組み」のところに、普通の人間と少し違うところがあるらしいんですよ。

それで、普通の人が持っていないような酵素《こうそ》みたいなもの、「体内酵素」を何か持っているらしい。通常の人であれば消化できない、ある種のものを、この人は消化ができるらしいんですねえ。何か、「消化できる仕組み」を持っているらしく、そこが珍しくて、だいたい、うーん……、「一万人に一人ぐらいだ」と言っていますね、そのへんはねえ。

その意味で、外側からレントゲンみたいなものを撮《と》られて、その次に、口から、内視鏡《ないしきょう》のようなものを入れられて、なかを調べられていますね。

「内臓の構造」を調べて、次は、なかの「消化酵素」みたいなものを、採《と》っていますねえ。

アブダクションには「もう一つの目的」があった!?

大川隆法　あとは、どうですか?

（瞑目し、約十秒間の沈黙）

もう一つは、「やや、宇宙人好みなのだ」と言ってはいるのですけれども……（笑）。

「やや、宇宙人好み」……。

武田　「宇宙人好み」というのは、本人が宇宙人を求めているのですか?

大川隆法　（牧野を指しながら）いや、こういうタイプが、宇宙人が好むタイプ……。

武田　好まれるのですか？　それは、どういうところがいいのでしょうか。

大川隆法　やはり、何かと言うと、宇宙人でも、人間を見て、好感を持つ場合と持たない場合とがあるらしくて、この人の場合は、何か、親近感を感じる……。

武田　親近感を感じる……。

大川隆法　うーん。親近感を感じるので、あとは、全体的に、「なぜ、自分らが親近感を感じるのか」を調べたがっているんです。

この「親近感」の原因は、おそらくは、あなたが持っている、「美意識」のようなものではないかと思うんですねえ。そういう「感性の部分」に反応しているような感じです。人間でも、感性が発達している人と、そうでない人がいますからね。

ただ、こういう感性の発達した人は、アブダクションするのが非常に難しいタイプではあるらしいのです。非常に難しいらしく、本当に、すぐ気がついてしまうので、とても難しいタイプなのだそうですが、それを連れて行ったようです。鈍《にぶ》い人は、何回やっても全然分からないのですけれども、（このタイプは）すぐ気がつくので、すごく難しいのです。

あと、そうした感性のなかの「美意識」みたいなものが、体のなかの、いったいどこから生まれてくるのかっていうところを、今、探《さぐ》っているように視えますねえ。

美意識を感じているので、眼細胞《がんさいぼう》から脳に通じる経路、すなわち、レンズを通して映像を結んで、次に、脳にその像が映って判断する部分、領野《りょうや》のところまでの神経伝達経路等に、いろいろとスキャンを数多くかけているのです。

「何をもって、目を通して見たものを美的判断しているのか。『こうしたほうが美しくなる』『これは美しくない』っていう判断が、いったいどこから出るのか」というところですね。

つまり、なぜ、ここが、「この色でなくてはいけないのか」、あるいは、「こういう形でなくてはいけないのか」などということです。

例えば、「まつ毛は、こうでなくてはいけない」「化粧《けしょう》の色は、こうでなくてはいけない」「口紅《くちべに》は、こうでなくてはいけない」「髪《かみ》の形は、これが美しい、これは美しくない」などの美的判断は、いったい、形状感覚として、どういう形状を認識して判断しているのかという、「人間の美意識調査」もやっていて、そういう美的なものを感じる人のサンプルを集めて、だいたい、トータルで統計処理しようとしているようなのです。「何をもって、人間は、美しさを感じているのか」というところですね。

要するに、グレイの姿というのは、〝忍者姿《にんじゃ》〟とまったく同じようなもので、そのため、人間の美意識に、特に反応しないようなスタイルであるわけです。したがって、「(人間が)どのようなものをもって『美しい』と感じるか」というデータを集めて、その美しく見えるものに変化して現れるのがよいのです。

そういう意味で、夢で見たようにするにしても、「美しいイメージが残るようなものがよい」ということですね。

「相手が欲《ほっ》するものを見せる」というのが、彼らの特徴《とくちょう》のようで、そうした催眠《さいみん》もかけられるのです。何か、「見たかったものを見たようにする」というところが、彼らの〝ハイテク〟らしいのです。

それで、そのように意識を探《さぐ》っているんですね。判断基準を探って、サンプリングしているわけです。

したがって、アブダクションした目的は二つです。

一つは、「内臓に普通の人とは違うところがあって、一万人に一人ぐらいの構造、および、消化吸収のシステムを持っているので、それを調べる」ということです。

もう一つは、「『美意識の判断基準が、いったいどこにあるのか』ということについて、資料を集めている」ということですね。

アブダクションの「他の目的」と「感想」を明かす宇宙人

大川隆法　（リーダー以外のホワイトグレイに対して）ほかには、どうですか？　ほかの方の意見は？

（瞑目し、約十秒間の沈黙）

うん、「エル・カンターレの近くで、そういうメイクなどのことをするのは、いったいなぜなのか。何か理由があるのか」といったことも知りたがっているようではありますね。「何か理由があるのだろう。なぜ選ばれたのか、なぜ、そういう立場に来たのか」というところです。これは宇宙人にとっては非常に重大な問題なのです。

自分たちの姿形をいじるセクションにある人というのは、中枢《ちゅうすう》にある人ほど、それをやるのは大変なことであるのに、（牧野が）「なぜ選ばれたのか」というところまで調べられていますので、これは、「私のほうの感覚」まで、間接的に調べられているようには思いますね。

（ホワイトグレイに）それで、自分たちがしたことについては、どう思っているのですか？

（瞑目し、約五秒間の沈黙）

うーん、「気づかれたのは、やはり、『たいへん、ぬかった。しくじった』と思うし、気づかれたくはなかった。気づかれたのは少し残念だ」というようなことを言っていますね。

半年前に見た「白い猿《さる》」の夢は何だったのか

大川隆法　それから、別のときの夢で、「白い猿《さる》みたいなものを見た」と言いましたか？

武田　はい、そうです。

大川隆法　それは、別の日なのですね？

武田　別の日ですね？

牧野　はい。

大川隆法　後日ですが、夢の内容は同じですね？

武田　そうですね。同じです。

大川隆法　これは、別のときに、同じように……。

牧野　半年前くらいに……。

大川隆法　半年、つまり、「二年半たっている」ということですか？

牧野　そうです。

大川隆法　二年半ぐらいたっていますが、半年ぐらい前に同じような夢を見て、そのときに出てきたのが、白い猿だったのですね？

武田　そうです。

大川隆法　（武田に）あなたではないね？　関係ないね？　武田さんではない。

武田　と信じたいです。

大川隆法　（ホワイトグレイに）「何か、半年ぐらい前にも、そのようなシーンを見た」と言っていますが、これは、記憶《きおく》が戻ったのでしょうか？　新たに何かをしたのでしょうか？　どうでしょうか？

（瞑目し、約五秒間の沈黙）

「もう一回やりました」と言っています。

武田　うーん。

大川隆法　もう一回やりまして、今度は……。

（瞑目し、約十五秒間の沈黙）

うーん、今度は、少しだけ怖いね。「少しだけ怖い」というのは、「異星人との合いの子」（ハイブリッド種）がつくれるかどうかの調査を、二回目は、していますねえ。まあ、その意味で、卵子《らんし》か何かを少し採《と》られていると思われます。サンプリングで採られて、調査されていますねえ。

あるいは、もしかしたら、どこかの試験管で、もう「合いの子」は成長しているかもしれませんが、何か、地球人代表で、「一つの類型」として採られていますね。卵子の採取を一部されたようです。これはいけませんね。

武田　これも、同じ、ホワイトグレイ型の宇宙人でしょうか。

大川隆法　同じだと思います。

武田　ああ。

大川隆法　そのときに、「猿に見えた」というのは、何なのでしょう。

（瞑目し、約五秒間の沈黙）

うん、本人が、「ケンタウルス系（宇宙人）の何かが来ているのではないか」というような疑《うたが》いを持っているみたいなので……。

武田　あ、宇宙人時代に、いろいろなところによく行ったものですから、「それならお猿に違いない」と？（注。武田は、宇宙人リーディングにより、いろいろな星から生き物を地球に連れてきたことがあるということが判明している。前掲『宇宙からの使者』参照）

大川隆法　うーん、「ケンタウルス系なのではないか」という疑いを少し持っているので、それならお猿さん系ですから、「多少、そういうイメージを抱《いだ》かせようとしたのだ」と言っています。

武田　なるほど。

大川隆法　何か、「白いお猿さんが、さらった」みたいに思わせようとしたのだという感じで……。

武田　はあ、巧妙《こうみょう》ですね。それで、事実は……。

大川隆法　事実は、「同じ人たち」ですねえ。

アブダクションを指揮していた「謎《なぞ》の宇宙人」の正体

武田　ホワイトグレイであるならば、これを操《あやつ》っている〝本体〟があると思うのですが、それは、どこの星の人なのでしょうか。

大川隆法　本体は……。少し待ってくださいね。

（瞑目し、両手を牧野にかざす。約十五秒間の沈黙）

うん、結局は調べられているんですね、うちの教団も。

つまり、「エル・カンターレ系に入っている人たちが、どういう種類の人たちで構成されているのか」ということと、間接的に、「エル・カンターレの好み」というか、「どういう惑星《わくせい》出身の人たちを吸い寄せているのか」というようなことを調べているんですね。間接的に、それを見ています。

うーん……、あとは、これの〝もとなるもの〟は、いったい、どこから来たのか。グレイを雇《やと》っているか、使っているかは知りませんが、これを〝使用〟している方の姿が視たいのです。どうか、この円盤を使って、この人を調べた方、「ご本人」は、どのような方でしょうか？　お姿をお見せください。

（瞑目し、牧野にかざした右手を、円を描くように回しながら、約五秒間の沈黙）

何か、角《つの》が二つ視えるねえ。

武田　ああ。

大川隆法　角が二つ視える。少し曲がった、五月人形の兜《かぶと》のような……。うん、これは、バッファローの角みたいな角ですかねえ。

角みたいなものが二つ視えて、その前に、ギョロッとした目が二つ付いていて、こう……、（出っ張っている顔の輪郭《りんかく》を両手で示しながら）こういう顔で、歯は出ている……。

これで、全体の姿は、いったいどのようになるわけですか？

それで、全体の姿は、バッファローの、やや金色がかった角が二本出ている、うーん……、大きな〝トノサマガエル〟みたいな……。

武田　大きな〝トノサマガエル〟ですか？

大川隆法　うーん。

斉藤　では、爬虫類《はちゅうるい》のような顔……。

大川隆法　これを「爬虫類」と言うべきかどうかは分からないけれども、まあ、このままの姿では、確かに現れられないでしょうねえ。

武田　（笑）

大川隆法　だから、ああいう〝代理の者〟を使っているのだろうと思います。〝忍者〟を使っているのだと思うのですが、何か、目立つのは、（頭の上に両手で弧《こ》を描きながら）こういう感じの、ウォールストリートにある牛の角みたいな……。

武田　はいはいはい。

大川隆法　あんなものが付いているのは、はっきり視えるのですが、あとは、巨大《きょだい》なガマガエルのような姿に、少し視えて、イボみたいなものがたくさん出ている感じで、大きさは、四、五メートルはあるのではないですかねえ。けっこう大きい。

武田　四、五メートル？

大川隆法　四、五メートルぐらいだと思うのです。大きな舌もベローッと出るからね。本当は、これは、地球だったら、このベロで巻いて虫などを食べるのでしょう。この大きさから見たら、もっと大きいものも食べられなくはないでしょうね。だから、いったい何？　食べたいのかな？　何なの？　食べたいわけ？

ホワイトグレイの雇い主である宇宙人。角が生えたガマガエルのような姿で、
４～５メートルもある巨大な体をしている。

斉藤　地球に来た目的は何でしょうか？

大川隆法　（巨大なカエル型の宇宙人に）目的は何ですか？　ガマガエルかウシガエルか分かりませんが、こういうタイプの宇宙人は、何のために来ているのでしょうか？　何のために来ているのでしょうか？

（瞑目し、約十五秒間の沈黙）

うん、「いちおう、地球への移住は目指しているのだけれども、このままの姿では、ちょっと住めない。どうしても住めない。ええ……、どこにも住むことはできないので、やはり、人間型のものに、魂《たましい》的に宿《やど》ることを目指してはいるんだ」ということを言っていますね。

対象者が宇宙人に「悪意を向けられた理由」

斉藤　ただ、そういうことでしたら、「（牧野が）なぜ悪意を向けられたのか」というところが気になるのですけれども……。

大川隆法　悪意ですね。そういえば、二回目のときは、「足も刺していった」と言っていましたね？

武田　そうですね。

大川隆法　なぜ悪意を？

（瞑目し、あごに右手を添えて、約五秒間の沈黙）

うん、何か、「記憶力がよすぎることに腹が立った」というようなことを……。

武田　ああ。

大川隆法　普通は、忘れるものだけれども……。

武田　覚えているので？

大川隆法　うーん、「刺されたのを覚えている」というのが、面白《おもしろ》くないので……。

武田　なるほど。その一週間前に（悪質宇宙人撃退の）祈願をしたわけですからね。

大川隆法　うん、それが嫌《いや》だったので、「覚えているのなら、覚えているなりに、痛いのを覚えていろ」という感じで刺していったようで、何か、「もうすぐ、このようなかたちで（話に）出されて、チクられる」ということを……。

武田　予感していた？

大川隆法　予感していたようですね。その、半年ぐらい前のときに、もう予感はしていたようです。「順番は、いずれ来る。黙《だま》っていればいいのに、しゃべるに違いない」という感じで、予感していたらしいですねえ。

宇宙人が「卵子《らんし》」を採取した目的とは

大川隆法　（牧野に）結局、あなたは「卵子《らんし》」を一部、採られています。

武田　そうですねえ。

大川隆法　うーん。あなたに似た人が地球に出てくるかもしれないわけですね。

武田　では、「彼女のアブダクションは、もう終了《しゅうりょう》」ということでしょうか？

大川隆法　うん、まあ、卵子を取得している以上、それを、どのように掛《か》け合わせるかは知りませんが、男で誰《だれ》か、アブダクションをされた人がいれば、どれかと掛け合わせられて、彼らが目指している「人間の人体のようなもの」をつくろうとしているのだと思います。そこに、魂的に入ろうとしているのだと思うのです。

そのへんは、おそらく、ウシガエルみたいな方が、老衰《ろうすい》してくるか、病気になるか、弱ってくるか、何かしたときに、住み替《か》えをするためのものなのだろうと思われます。これは、わりに贅沢《ぜいたく》な、〝リッチ階級〟の宇宙人なのだと思うんですね。

そういう意味で、地球人型の肉体を得ようとしているのでしょう。場合によっては、これは、人間みたいなものをつくって、そのまま入るのではなくて、「精子」と「卵子」を合わせて受精卵をつくり、ある程度の大きさになった段階で、地上の結婚《けっこん》したカップルの、女性のお腹《なか》のなかに、それを〝生みつけ〟れば、同じことができますので。それを〝生みつけ〟て、自分たちのほうが宿るあれをつくるということはありえるかもしれませんねえ。
そういうかたちで、地球人のなかに、魂的に宿ることはできるようなので、どのような自分になりたいかは、生きている人間の性質を見て選べば、「このようになる」と、ある程度、予想がつくということですかね。「こういう人生になりたい」と思うような人を選ぶということでしょう。

武田　そうですね。

大川隆法　うーん……。ということで、もし女性なら、（牧野に）あなたに少し似たものが、男性なら、（武田に）おたくの双子《ふたご》みたいに男女が分かれたような顔で……。

武田　ああ。出てくるかもしれないですね。

大川隆法　うーん、出てくるかどうかは分かりませんが、おそらく、「好感を持たれるタイプ」と見られたのだとは思いますけれどもね。

武田　はい。

大川隆法　とにかく採取は終わっている。ただ、「おまえは、将来、半年後に、それをチクるであろう。それはいけないことなので、処罰《しょばつ》を早めにしておく」ということで、「ブスブスッと刺した」と……。

武田　「足を刺していった」と……。

大川隆法　「また、これをやられると嫌だろう？　そう思ったら、もう二度としゃべるなよ」ということなのでしょうかね。

武田　そうですかね。

斉藤　では、「もう来られない」と考えて、よろしいのですか。

大川隆法　うーん、まあ、いちおう見つかったので、あとは、こちらからトレース（追跡《ついせき》）できますから、相手を特定して、その人に念力《ねんりき》を送れば、〝電撃ショック〟ではありませんが、あちらをビリビリにすることはできます。

ですから、こちらは、向こうを悩乱《のうらん》させるようなことが可能です。相手が分かれば、〝逆襲〟念波を送れるので、（向こうは）ビリビリになります。

武田　そうですね。では、〝角の生《は》えたガマガエル〟をイメージして、祈願とともに念力を送ればいいんですね。

大川隆法　うん、まあ、星が分からない。この形は、ずばりではないけれども、金星にイボガエルみたいなのが、一人いたことはいましたね（『宇宙人リーディング』〔幸福の科学出版刊〕参照）。
ただ、形としては地球にもガマガエルはいますので、そういうかたちの進化はありえるのかもしれないですけれども、確かに、地上に現れられないのは分かります。四、五メートルあるガマガエルで、角が生えているようなものに跋扈《ばっこ》されたら……。

武田　ええ、非常に怖いですね。

大川隆法　これは、すぐ、完全に撃《う》ち殺されるでしょう。

武田　そうですね。

大川隆法　完璧《かんぺき》に撃ち殺されるから、これでは、地上には間違いなく住めないね。〝怪獣《かいじゅう》〟にされてしまいますから、出られないのです。

ですから、肉体が欲《ほ》しいのは分かります。「魂で入り込むスタイル」なんでしょうね。

武田　はい。分かりました。

本アブダクション体験の「リーディング結果」を振《ふ》り返って

大川隆法　いわゆる、典型的なアブダクションを受けてしまいました。

武田　そうですね。一例出ました。

大川隆法　もう〝お子さん〟もいらっしゃるようで。独身なのに申し訳ないですね。こちらの力が弱くて、まことに申し訳ないです。何か、護符《ごふ》でも貼《は》らなくてはいけないのでしょうか、ペタッと。

あるいは、しめ縄《なわ》でしょうか。「宇宙人撃退」などと書かれている紙を垂《た》らした、〝しめ縄〟を張って、そのなかで寝なくてはいけないのかもしれないですね。

武田　そうですね。結界《けっかい》を強くしないといけませんね。

大川隆法　（舌打ち）やられましたか、こういうものに。そうですね、これは、そういう事実を教えることで……、まあ、刺されたあとは、もう麻痺するものですけれども、「ある程度、それを思い出せる」というところを見れば、これは、（アブダクションの）事実があるのを知っているから、分かるのかもしれないですね。

武田　うーん。

大川隆法　「分からなければ、ただの夢で終わるところなのに、そうではなかった」ということは、「事実が見えてきている」ということですねえ。

武田　そうですね。

大川隆法　まあ、「次をやったら、そのＵＦＯは、ただでは済まない」と思ってください。もし、手術台の上で目が覚めるようなことが、万一《まんいつ》ありましたら、「エル・カンターレよ、どうか、彼らを始末《しまつ》してください」と、祈願をかけてください。〝ビリビリ〟にしてみせますから。もう、ＵＦＯは飛べないようにしてみせますからね。

武田　はい。

大川隆法　ちょっと生意気《なまいき》である。やってはいけないところまで来ていますね。なめられています。特に、宗務本部長（武田）への〝おちょくり〟を感じますね。

武田　なるほど。許せませんね。

大川隆法　そうですね。なめています。完璧に、なめていますね。

武田　「真実」が明らかになりましたので、撃退できるように頑張《がんば》りたいと思います。

大川隆法　ええ、今度は、もうさせませんので、もし、そういう気配があったら、どうぞ呼んでください。こちらも一秒ぐらいで反撃できますからね。

向こうが逃《に》げるのは、「弱い」からです。「弱み」があるからです。キャッチされたら、実は、あちらにも、「弱み」が必ずあるのです。

グレイの場合、そうした夢のようなかたちでしか出てこられない理由は、体力的にも、地上では、やはり弱いからです。あまり強くなくて、本当に、子供ぐらいの体力しかないのです。

子供でも、今の小学生なら、もっと強い力を持っていますが、グレイは、体が小さいので、筋力がもう少し弱いのです。腕が細く、筋力が弱いので、女性でも、本気で

〝ぶん殴《なぐ》る〟と死んでしまうような感じです。

これは、「地球の条件」がそうなっているので、弱いのです。そのため、グレイは、そういう暴力を非常に怖がる傾向があり、忍者みたいなスタイルを取っています。ただ、技術的には発展しているので、（アブダクションを）やれるわけですね。

まあ、そこまで分かりました。今後は、警戒《けいかい》しましょう。ただ、殺したりする力があるような者ではないようですので、あまり心配しないでください。

武田　はい。そうですね。

大川隆法　（牧野に）ただ、あなたに似た人に、どこかでお会いすることがあるかもしれません。幾《いく》つか年を取られたときに、「あれ？　私の子供のような感じがする」というような人に、どこかでお会いするようなことが、あるかもしれないですね。

武田　はい。当会では、里村《さとむら》さんの「複製」も、五人ぐらい、世界にいらっしゃるようですから……。

大川隆法　そうですね。（マヌの霊が）「世界に同じ姿の人が五人ぐらいいる」と言っていましたからね（『神々が語る　レムリアの真実』〔幸福の科学出版刊〕、前掲『宇宙人リーディング』参照）。

あの顔は、確かに、いるような気がするねえ。

武田　（笑）そうですね。はい。では、一つ目の例は、これで終わりたいと思います。

大川隆法　はい。お護りできなくて、すみませんでした。次は頑張ります。

2

File 07 アブダクション体験
「仏像」がいっぱい出てくる不思議な世界

「黒い円盤《えんばん》から赤い牽引《けんいん》ビームを当てられた」という対象者

武田　はい。それでは、次の人に交替《こうたい》しましょう。伊藤秋見《いとうあきみ》さん、どうぞ。

大川隆法　この方も、何か似たような経験をなされた……。

武田　そうです。同じころですね。

大川隆法　少しお話しいただけますか。

伊藤　ええと、一年前ぐらいだと思うんですけれども……。

大川隆法　一年ぐらい前……。

伊藤　夢のなかで、黒い円盤《えんばん》が見えて……。

大川隆法　黒い円盤が出てくる……。

伊藤　すごく大きくて、上に小さい窓が幾《いく》つもついている円盤が見えて、真ん中から、「赤い牽引《けんいん》ビーム」のようなものがパーッと出ていて。

大川隆法　うん、うん。

伊藤　それで、「逃《に》げないと……」と思って、逃げたんですけど、そのビームがバーッと体に当たって、空中に持っていかれそうな感覚に襲《おそ》われたんです。

「でも行きたくない」と思って、必死に逃げていたときに、この後ろのところに、何か針のようなものがブスッと刺《さ》さる感覚があって、次に起きたときには金縛りの状態になっていました。

大川隆法　うーん。

伊藤　部屋のなかに、何か人の気配《けはい》のようなものを感じたのですが、しばらくしたら、普通《ふつう》に戻《もど》ったんです。

大川隆法　時間的なものの経過は何かありましたか。

伊藤　時間は……、そんなに長くはなく、五分とか……。

大川隆法　円盤を見てから、「刺された感じ」と、「金縛りのような感じ」との間に時《じ》差《さ》がありましたか？

伊藤　うーん……。

大川隆法　一連のものだったような感じですか？

伊藤　そうですね。一連の流れで、ずーっと……、でも、そんなに長くは感じなかったです。

大川隆法　先ほどの方と時期がわりに近かったということなので、ちょっと、「なめとるんかい」という感じが、若干《じゃっかん》、しないでもないのですが。ここまではっきり見えるということは、当会の職員にかなり「霊感《れいかん》」があるために、よく分かってしまうからでしょうか。普通は、そこまではっきりと分からないものですけれども、こういうことをかなり知っているために、分かってしまうのかもしれません。

武田　はい。

石窟《せっくつ》のような場所に「光り輝《かがや》く大仏」が現れる

大川隆法　それでは調べてみます。

これから、この方（伊藤）に、一年ほど前に起きた現象について、検証《けんしょう》したいと思います。

いったいどういうことが起きたのでしょうか。

（約三十五秒間の沈黙《ちんもく》）

うーん……、これは何……。うーん……、うーん……、宙に視《み》えているものは、まったく「予想外」のものなんですよ。

その……、何だか大仏のようなもの？

武田　はい。

大川隆法　うーん、奈良《なら》の大仏ぐらいの大きさのものの頭の上ぐらい……、の位置から、今、視えているのですが、顔のところがライティングされて光が当たっていて、後ろのほうは暗いんですが、前のほうの顔のところが視えて、やはり、「大仏」が座《すわ》っているようなスタイルに見えます。

また、この頭も、奈良や鎌倉《かまくら》の大仏さんと同様に、ブツブツした巻き毛が出ているところも同じスタイルですね。そして、下は、明らかに胡坐《あぐら》のようなスタイルで座っているから、これは「大仏像のような姿」だと思われます。

今、これの上方《じょうほう》から視えてるんで。この意味をもう少し探《さぐ》りたいと思います。何を意味しているのでしょうか。

（約二十秒間の沈黙）

今度は、うーん、大仏の……、正面から見て右側？　右斜《みぎなな》め前の位置から大仏が視えています。

そして、非常に輝《かがや》いています。周りは薄暗《うすぐら》いのですが、非常に輝いていて、まるで、うーん……、「バーミヤンの大仏」のように、ある種の石窟《せっくつ》のような場所に、光り輝いた大仏が出てきている感じに視えるのです。

これは、いったい何を意味しているのでしょうか。ちょっと待ってくださいよ。

今度は下側から視えてきていますが、ええ……、うーん……、今、視えている大仏は、胡坐をかいてなくて、立ってい

◀バーミヤンの大仏（タリバンに破壊される前の写真）
アフガニスタンのバーミヤンでは、1世紀に石窟仏教寺院がつくられ始めた。5～6世紀には、2体の大仏をはじめとする多くの仏像が彫られ、仏教文化は繁栄をきわめた。

ますが、「台座」がありますね。台座の上に立っている感じになって、やはり、すべて大仏の姿で表してきます。

ええ……、どういうことなのでしょうか。もう少し分かるように見せてください。

（約三十秒間の沈黙）

異次元ワープ航法《こうほう》で「大仏建立《こんりゅう》の歴史」を時間旅行

大川隆法　うーん……、何か聞こえてくるのは、「異次元ワープ航法《こうほう》」という言葉ですね。「異次元ワープ航法」という言葉が聞こえてきて……。

今度は、大仏の前に橋のようなものが架《か》かっているのが視えます。大仏に向かっていく橋があります。

うーん……、どうやらこれは、先ほどの人（牧野）とは少し違《ちが》うようで、何かを見せようとしたように視えます。

これはたぶん、霊界《れいかい》……、でしょうね。

もう仏像ばかり出てくるので、仏教系と思われますけれども、「金色の仏像」が安置されているところなどがたくさん視えてくるので、おそらく、過去の仏像がつくられたときの時代のものがフラッシュバックされているような感じにも、見えなくはありません。

武田　はい。

大川隆法　うーん、たぶんですねえ、うーん……、多少、時間旅行のようなことをしながら、仏教の歴史らしきものを見せられているように視えるのです。

武田　うーん。

視《み》えてきた大仏は、対象者の「魂《たましい》の出自《しゅつじ》」と関係がある

大川隆法　これは、「あの世」の世界なのかもしれないが、必ず大仏があるのです。

大仏があって、ときどき種類が変わって視《み》えます。いわゆる後光《ごこう》、光背《こうはい》が出ている大仏もあるし、また、座った状態の大仏もたくさんあるから、これは、インドやバーミヤン、中国や日本でつくられてきた歴史上の大仏も混ざってはいるけれども、天上界《てんじょうかい》でも同時に存在しているものではないかと思われるのです。同じようなものが天上界にも現れているのではないでしょうか。

武田　なるほど。

大川隆法　おそらく、この人の、本来の霊界と関係があるのではないかと思われます。「黒い円盤《えんばん》」は対象者の「霊的覚醒《れいてきかくせい》」を促《うなが》すために出現した

武田　彼女が見た黒い円盤《えんばん》とは、どういう関係があるのでしょうか。

大川隆法　うーん……、これは不思議ですねえ。どういうことなのでしょうか。もち

石窟のような場所に現れた、光り輝く巨大な仏像。世界各地にある
仏像の姿ともよく似ている。

ろん、「円盤も見えたし、注射もされた」というのですね？

武田　はい。

大川隆法　どうなのでしょうか。「一年ほど前」と言ったのでしたっけ？

武田　はい。一年前ですね。

大川隆法　（約二十秒間の沈黙）こちらはですねえ、何か、うーん……、仏教系で言うと、仏教の歴史のなかでは、いわゆる「守護神《しゅごしん》」に当たる役割をしてきた系統の人たちのようではありますね。

仏教系を護《まも》っていたような方で、「宇宙」とも関係があるようですけれども、特に、仏教系のほうを庇護《ひご》していた人たち。

武田　はい。

大川隆法　あの世から……、「あの世」というか「宇宙」を含《ふく》めて庇護してきた者たちです。

映画「太陽の法」（二〇〇〇年公開）には仏陀《ぶっだ》の説法《せっぽう》を聴《き》きにきた円盤も出てきていましたが、「昔から実は出てはいるんだ」と言っており、仏陀の仕事を見守っている一群のＵＦＯではあるようです。

「彼女に霊的《れいてき》な世界、本来の世界や、自分の過去の仕事などをお見せして、覚醒《かくせい》を促《うなが》そうとしているんだ」と言っていますね。

武田　なるほど。

大川隆法　この方のほうは、どちらかというと、「目覚めさせる」というか、いわゆる悟《さと》りのようなものを得させたくて、霊体験を積まそうとしてやっているように見え

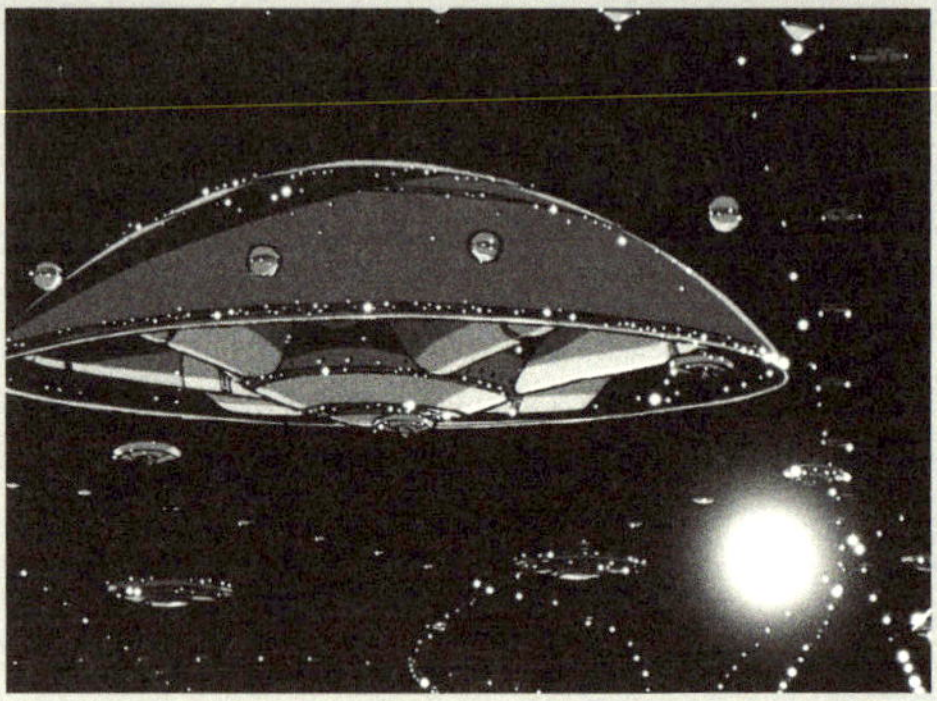

出現した多宝塔の周りに集まってくるＵＦＯの群れ。機内では、宇宙人たちが仏陀の説法を拝聴していた（大川隆法製作総指揮の映画「太陽の法」〔2000 年公開〕より）。

ます。

だから、怖《こわ》かったかもしれませんが、悪意があるわけではないでしょう。悪意があるわけではなく、「本来の自分の使命を、もう少し悟れ」ということを知らせたくてやっているわけです。要するに、見てきたものは、おそらく、過去のいろいろなところに転生《てんしょう》してきた歴史と関係があるものでしょう。

武田　うーん。

大川隆法　大仏のようなものが数多くつくられたような時代には、天上界にも同じようなものが現れているはずなのです。

「教団《きょうだん》を後世まで伝える使命」を持っているグループの一人

大川隆法　この方は、あの世に還《かえ》ってから、そういう霊界で仕事をしていたはずで、これは、「仏教護持《ごじ》霊界」ですね。仏教を護持する霊界で、ここから地上に出ている人もたくさんいらっしゃるはずです。そういう霊界に連綿《れんめん》として住んでは、地上に出てくるというかたちのものだと思われます。

だから、「仏教の守護霊界」のような所に連れていかれていますね。

武田　うーん。ご本人の魂《たましい》の、出身といいますか……。

大川隆法　出身だと思いますね。出身がそういう所で、仏教護持のような仕事をしています。

そして、仏像がよく出てくるのは、信仰心《しんこうしん》の象徴《しょうちょう》であり、「教団や教え、信仰を永続させたい」という気持ちの表れだと思うのです。

したがって、長く後世まで伝えなければいけないような使命感を持っている人たちのグループに属していると思われますし、そのことに気づかせようとされているのでしょう。

円盤によるアブダクションのように見えているけれども、これは、実際の円盤ではない……。

武田　ないと？

大川隆法　そうではなくて、何と言うか、「そのように、本人が表面意識的に理解しようとしたのであって、実は違う」と、彼らは言っています。

だから、こちらの方のほうに来たのは、「霊的なもの」のようであり、霊的なものが来て、「幽体離脱《ゆうたいりだつ》」「体外離脱」させ、あの世に連れていこうとしていることを、〝UFOもの〟と誤解したのではないかと思われます。

本当に「宇宙人に注射を打たれた」のかを再確認する

武田　では、「注射を打たれた」ということも含めて……。

大川隆法　それは、たぶん、先ほどの人（牧野）のお話などを聞いて、何らかの影響《えいきょう》が出ているのではないでしょうか。

武田　うーん。

大川隆法　ええ……、注射を打たれたのではないような感じがしますね。注射を打たれたのではなくて……、（約十五秒間の沈黙）何かの「法具《ほうぐ》」のようなものですよ。

武田　法具？

大川隆法　うーん、何か法具のようなものですね。法具のようなものが視えます。これは何に似ているかなあ。（約五秒間の沈黙）「降魔《ごうま》の剣《けん》」にちょっと似ている……、ような気はするのですけれども、何かの法具だと思いますね。

法具
仏事に使う道具のことをいい、密教の金剛杵などがそれに当たる。写真は、幸福の科学の法具の一つである「降魔の剣」。

武田　ああ……。

大川隆法　確かに、法具のようなものが働いたりしたことはあるのかもしれませんが、「エイリアン・アブダクション」とは違います。

武田　違うんですね。

大川隆法　違うように思います。
　「他《た》の星」と地球の「仏教護持霊界《ごじれいかい》」の間で行われている情報交流

武田　ＮＨＫの番組で言っていたような、「フォールスメモリー」という脳がつくり出した幻想《げんそう》でもないわけですね？

大川隆法　（約三十秒間の沈黙）異次元空間に、ええ……、まだちょっと〝驚《おどろ》くべき光景〟ではあるけれども、そういう、確かに、異星人がコンタクトしている部分があるようです。

うーん……。おそらく、その「仏教護持霊界《ごじれいかい》」ではあるけれども、「他の星の似たような仕事をしている部分」と、つながっているところがあるのではないかと思うのです。

武田　はい。

大川隆法　その意味で、この次元で「他《た》の星」と行き来している者があるので、その乗り物として〝ＵＦＯ的なもの〟を使っていることもあるかもしれませんし、〝他次元的なもの〟に移行して、行ったり来たりしている者はいるかもしれません。

これは、逆に言うと、地球霊界における仏教護持的な霊団の仕事と似たようなことが、同時に、他の星でも起きており、そのようなものあたりと交流しながらも……、うーん、たぶん、もう少し上位の人がいるはずだと思うのですけれども。

武田　はい。うーん。

大川隆法　こういう方々が情報を教え合っていて、「そちらはどうなってますか?」というような感じで、情報を取り合っているように思われます。

そういう意味で、「UFO」が間違いとは言えません。確かに、出てくる可能性はあると思われます。

うーん……、やはり、注射されてのアブダクションのようには見えないので、何らかの導きの人が来たのが、宇宙人に見えたのかもしれません。

まあ、その異次元に移行している感じが、「異次元トリップする部分」で、何かそういうものに〝乗せよう〟としたように見えたかもしれないけれども、これは、かなり霊界に出没《しゅつぼつ》するUFOのほうですね。

「この世」、「三次元的」なほうではなく、たぶん、「霊界」のほうに〝次元トリップ〟

するＵＦＯだと思います。ＵＦＯにもさまざまな種類がありますので。

武田　はい。

大川隆法　母船から地球に降りたり来たりするための、「離着陸用の小型ＵＦＯ」というか、三次元的には「小型のＵＦＯ」です。宇宙旅行を行う母船のようなものはありますけれども、それではなくて、おそらく、異次元転換《てんかん》が非常に速く、すぐにパッと転化して、「この世」と「異次元」の間を〝次元ワープ〟するタイプのものだと思われます。

それで、他次元のなかで、そのままほかのところにも移行できるようなものがあるので、たぶん、これと仏教霊界とつながっているものがあるのでしょう。

うーん……、だから、これは、「霊界」と「宇宙人」の世界とが〝密接にリンク〟したものですね。

武田　うーん。

大川隆法　ただ、来ている宇宙人は、悪質系のものではないように思われます。仏教的な悟《さと》りを中心とした「元《もと》・金星系のグループ」の存在

武田　何か、われわれの分かる宇宙人の名前は出てきますでしょうか。

大川隆法　うーん……。（約五秒間の沈黙）あ、元《もと》・金星系の人たちですね。

武田　元金星系……。うーん。

大川隆法　元金星系で、他のさまざまな星に散っていった人たちがいますが、いろいろな所へ行って住みついて、それぞれに文明をつくっていったなかで、「仏教的な悟り」を中心とした教えを奉《ほう》じているグループたちの間で連絡《れんらく》し合い、チェックし合っ

ている感じですか。

武田　うーん……。

大川隆法　まあ、今のところ、いわゆるグレイを使って人間をさらい、「人体実験をするタイプ」のものは、宇宙人自身が姿を現すと、「グロテスクで周りに見られたくないタイプの人」ではないかと思うのですが。

武田　そうですね。

大川隆法　これは、そのタイプではなさそうなので。どれにも属さないものなのですが、あえて言うならば、宇宙人ではなく、「天人《てんにん》」と言うべきかな?

武田　なるほど。

大川隆法　かぐや姫《ひめ》が月の世界に連れていかれるような、あんな感じに近いでしょうか。「宇宙」と「仏教霊界」とが合体《がったい》していますが、これは、少々違った任務が何かあるような感じに見えますね。うーん。

武田　これは珍《めずら》しい……、例でした。

大川隆法　とても珍しい。

アブダクションではなく「異次元トリップ型」のUFO体験

斉藤　こういう場合については、どうすれば自分で自覚できますでしょうか。

かぐや姫の昇天
かぐや姫は、迎えに来た天人たちにともなわれ、空を飛ぶ車に乗って、月へと帰っていった。そのときは、真夜中であったにもかかわらず、あたりは真昼のように明るくなったという。

大川隆法　うーん……、本来は、自分でも、あの世へ行けるのだろうと思うのです。自分であの世へ行って体験できるのでしょうけれども、まだスッとは信じられないような部分があって、その〝皮〟一枚分がまだ破れていないので、何か方便《ほうべん》的に感じさせないと分からないということなのではないでしょうか。

だから、合理的に理解できるようなかたちに見せている面はあって、「フォールスメモリー」とは言えないかもしれませんが、一種の催眠《さいみん》にかかっていることは事実ですね。それは、脳のフォールスメモリーではなく、〝向こう〟のほうが何か催眠的に誤解させているようなところはあるような気がします。

だから、これは、「異次元トリップ型」のＵＦＯだと思われますね。先ほどのものとは同じではありません。

武田　はい。「アブダクション」というよりは「霊体験」だということですね？

大川隆法　うん。「霊体験」です。だけど……、この世的なかたちで、理解できないと分からないと思って、そういうふうにしているということですね。

武田　はい。

大川隆法　現実には、自分自身で「異次元トリップ」することは可能になるはずですね。悟りのレベルが上がれば、きっと、そういうふうになるはずです。

武田　なるほど。

大川隆法　おそらく、「観音《かんのん》の世界」に近い辺《あた》りなのではないかとは思いますが、「宇宙」のほうとも、多少つながりがあるように思われます。そういう仕事と何か関係があるのではないでしょうか。そういうふうに見えますね。

だから、いわゆるアブダクションのケースではないと思われます。

武田　はい、分かりました。ありがとうございます。

あとがき

現代の科学は幼稚で、まだわからないことだらけなのだ。自分の持っている三角定規《じょうぎ》では、地球の円周も面積もわかりっこないのだ。

ＮＨＫが超常現象に目を向けたこと自体は少しの進歩かとは思うが、「科学で証明できないものなどない」と証明できるものなら、してみるがよい。それこそが戦後教育とマスコミの洗脳《せんのう》によるもの、そのものだ。

幽霊という現象があるのではなくて、人間の本質が霊であり、肉体に宿っているだけなのだ。これさえ証明できない医学など、「バカの壁」を通り越して、クロマニョン人以前のレベルだ。エイリアンは宇宙科学の問題だ。この宇宙には一体、何百何千億個の銀河があるかもわからないのだ。エイリアンがいないと考えるほうが非科学的だ。この点、宇宙人大好きのアメリカ人と比べて、日本映画がハリウッドにとうてい追いつけないだけのことはあると思った。一言、NHKにご進講申し上げる次第である。

二〇一四年　四月二十二日

幸福《こうふく》の科学《かがく》グループ創始者兼総裁《そうししゃけんそうさい》　大川隆法《おおかわりゅうほう》

『「宇宙人によるアブダクション」と「金縛り現象」は本当に同じか』

大川隆法著作関連書籍

『H・G・ウェルズの未来社会透視リーディング』（幸福の科学出版刊）
『グレイの正体に迫る』（同右）
『宇宙人との対話』（同右）
『もし湯川秀樹博士が
幸福の科学大学「未来産業学部長」だったら何と答えるか』（同右）
『宇宙からの使者』（同右）
『宇宙人リーディング』（同右）
『神々が語る　レムリアの真実』（同右）

「宇宙人《うちゅうじん》によるアブダクション」と
「金縛《かなしば》り現象《げんしょう》」は本当《ほんとう》に同《おな》じか
──超常現象を否定するＮＨＫへの〝ご進講〟──

2014年５月10日　初版第１刷

著　者　　大《おお》 川《かわ》 隆《りゅう》 法《ほう》

発行所　　幸福の科学出版株式会社
〒107-0052 東京都港区赤坂２丁目10番14号
TEL(03)5573-7700
http://www.irhpress.co.jp/

印刷・製本　株式会社 堀内印刷所

落丁・乱丁本はおとりかえいたします

ISBN978-4-86395-465-6 C0014
写真：fotolia/ 読売新聞アフロ /Tsui at de.wikipedia/Tracy Hunter/ 水谷嘉孝

大川隆法 霊言シリーズ・NHKの報道姿勢を検証する

NHK新会長・籾井勝人《もみいかつと》守護霊 本音トーク・スペシャル

タブーにすべてお答えする

「NHKからマスコミ改革の狼煙を上げたい！」いま話題の新会長が公共放送の問題点に斬り込み、テレビでは言えない本音を語る。

1,400円

クローズアップ 国谷裕子キャスター

NHKの〝看板〟を霊査する

NHKは公正中立な「現代を映す鏡」なのか？「クローズアップ現代」国谷キャスターの知られざる本心に迫る。衝撃の過去世も次々と明らかに！

1,400円

NHKはなぜ 幸福実現党の報道をしないのか

受信料が取れない国営放送の偏向

偏向報道で国民をミスリードし、日本の国難を加速させたNHKに、その反日的報道の判断基準はどこにあるのかを問う。

1,400円

大川隆法 ベストセラーズ・「幸福の科学大学」が目指すもの

新しき大学の理念

「幸福の科学大学」がめざす
ニュー・フロンティア

2015年、開学予定の「幸福の科学大学」。日本の大学教育に新風を吹き込む「新時代の教育理念」とは？ 創立者・大川隆法が、そのビジョンを語る。

1,400円

「経営成功学」とは何か

百戦百勝の新しい経営学

経営者を育てない日本の経営学!? アメリカをダメにしたMBA――!? 幸福の科学大学の「経営成功学」に託された経営哲学のニュー・フロンティアとは。

1,500円

「人間幸福学」とは何か

人類の幸福を探究する新学問

「人間の幸福」という観点から、あらゆる学問を再検証し、再構築する――。数千年の未来に向けて開かれていく学問の源流がここにある。

1,500円

「未来産業学」とは何か

未来文明の源流を創造する

新しい産業への挑戦――「ありえない」を、「ありうる」に変える！ 未来文明の源流となる分野を研究し、人類の進化とユートピア建設を目指す。

1,500円

幸福の科学出版

大川隆法霊言シリーズ・神秘の扉が開く

トス神降臨・インタビュー アトランティス文明・ピラミッドパワーの秘密を探る

アンチエイジング、宇宙との交信、死者の蘇生、惑星間移動など、ピラミッドが持つ神秘の力について、アトランティスの「全知全能の神」が語る。

1,400円

トーマス・エジソンの未来科学リーディング

タイムマシン、ワープ、UFO技術の秘密に迫る、天才発明家の異次元発想が満載! 未来科学を解き明かす鍵は、スピリチュアルな世界にある。

1,500円

ネバダ州米軍基地「エリア51」の遠隔透視
アメリカ政府の最高機密に迫る

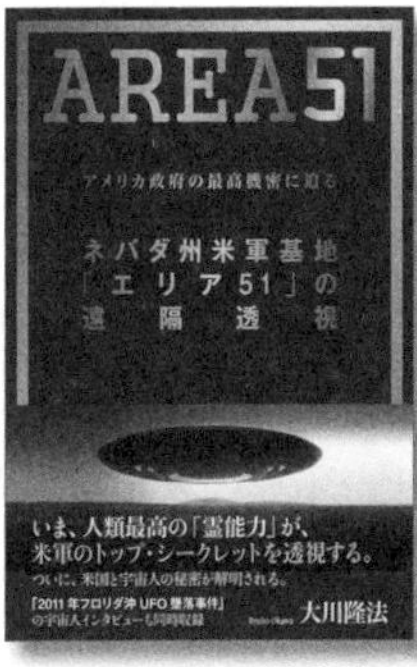

特別装丁 函入り

ついに、米国と宇宙人との機密が明かされる。人類最高の「霊能力」が米国のトップ・シークレットを透視する衝撃の書。

10,000円

幸福の科学出版

大川隆法霊言シリーズ・宇宙人リーディング

地球を守る「宇宙連合」とは何か

宇宙の正義と新時代へのシグナル

プレアデス星人、ベガ星人、アンドロメダ銀河の総司令官が、宇宙の正義を守る「宇宙連合」の存在と壮大な宇宙の秘密を明かす。

1,300円

宇宙人による地球侵略はあるのか

ホーキング博士「宇宙人脅威説」の真相

物理学者ホーキング博士の宇宙の魂が語る、悪質宇宙人の地球侵略計画。「アンドロメダの総司令官」が地球に迫る危機と対抗策を語る。

1,400円

グレイの正体に迫る

アブダクションから身を守る方法

レプタリアンにつくられたサイボーグの「グレイ」と、宇宙の平和を守る「宇宙ファイター」から、「アブダクション」の実態と、その撃退術が明かされる。

1,400円

幸福の科学出版

幸福の科学グループのご案内

宗教、教育、政治、出版などの活動を通じて、地球的ユートピアの実現を目指しています。

宗教法人　幸福の科学

一九八六年に立宗。一九九一年に宗教法人格を取得。信仰の対象は、地球系霊団の最高大霊、主エル・カンターレ。世界百カ国以上の国々に信者を持ち、全人類救済という尊い使命のもと、信者は、「愛」と「悟り」と「ユートピア建設」の教えの実践、伝道に励んでいます。

（二〇一四年五月現在）

愛

幸福の科学の「愛」とは、与える愛です。これは、仏教の慈悲《じひ》や布施《ふせ》の精神と同じことです。信者は、仏法真理をお伝えすることを通して、多くの方に幸福な人生を送っていただくための活動に励んでいます。

悟り

「悟り」とは、自らが仏の子であることを知るということです。教学《きょうがく》や精神統一によって心を磨き、智慧《ちえ》を得て悩みを解決すると共に、天使・菩薩《ぼさつ》の境地を目指し、より多くの人を救える力を身につけていきます。

ユートピア建設

私たち人間は、地上に理想世界を建設するという尊い使命を持って生まれてきています。社会の悪を押しとどめ、善を推し進めるために、信者はさまざまな活動に積極的に参加しています。

国内外の世界で貧困や災害、心の病で苦しんでいる人々に対しては、現地メンバーや支援団体と連携して、物心両面にわたり、あらゆる手段で手を差し伸べています。

年間約３万人の自殺者を減らすため、全国各地で街頭キャンペーンを展開しています。

公式サイト **www.withyou-hs.net**

ヘレン・ケラーを理想として活動する、ハンディキャップを持つ方とボランティアの会です。視聴覚障害者、肢体不自由な方々に仏法真理を学んでいただくための、さまざまなサポートをしています。

公式サイト **www.helen-hs.net**

教育

学校法人 幸福の科学学園

学校法人 幸福の科学学園は、幸福の科学の教育理念のもとにつくられた教育機関です。人間にとって最も大切な宗教教育の導入を通じて精神性を高めながら、ユートピア建設に貢献する人材輩出を目指しています。

幸福の科学学園

中学校・高等学校（那須本校）
2010年4月開校・栃木県那須郡（男女共学・全寮制）
TEL **0287-75-7777**
公式サイト **happy-science.ac.jp**

関西中学校・高等学校（関西校）
2013年4月開校・滋賀県大津市（男女共学・寮及び通学）
TEL **077-573-7774**
公式サイト **kansai.happy-science.ac.jp**

幸福の科学大学（仮称・設置認可申請中）
2015年開学予定
TEL **03-6277-7248**（幸福の科学 大学準備室）
公式サイト **university.happy-science.jp**

仏法真理塾「サクセスNo.1」 TEL **03-5750-0747**（東京本校）
小・中・高校生が、信仰教育を基礎にしながら、「勉強も『心の修行』」と考えて学んでいます。

不登校児支援スクール「ネバー・マインド」 TEL **03-5750-1741**
心の面からのアプローチを重視して、不登校の子供たちを支援しています。
また、障害児支援の「**ユー・アー・エンゼル!**」運動も行っています。

エンゼルプランV TEL **03-5750-0757**
幼少時からの心の教育を大切にして、信仰をベースにした幼児教育を行っています。

シニア・プラン21 TEL **03-6384-0778**
希望に満ちた生涯現役人生のために、年齢を問わず、多くの方が学んでいます。

NPO
活動支援

学校からのいじめ追放を目指し、さまざまな社会提言をしています。また、各地でのシンポジウムや学校への啓発ポスター掲示等に取り組むNPO「いじめから子供を守ろう！ネットワーク」を支援しています。

公式サイト **mamoro.org**
相談窓口 **TEL.03-5719-2170**
ブログ **mamoro.blog86.fc2.com**

政治

幸福実現党

内憂外患《ないゆうがいかん》の国難に立ち向かうべく、二〇〇九年五月に幸福実現党を立党しました。創立者である大川隆法党総裁の精神的指導のもと、宗教だけでは解決できない問題に取り組み、幸福を具体化するための力になっています。

党員の機関紙
「幸福実現NEWS」

TEL 03-6441-0754
公式サイト hr-party.jp

出版メディア事業

幸福の科学出版

大川隆法総裁の仏法真理の書を中心に、ビジネス、自己啓発、小説など、さまざまなジャンルの書籍・雑誌を出版しています。他にも、映画事業、文学・学術発展のための振興事業、テレビ・ラジオ番組の提供など、幸福の科学文化を広げる事業を行っています。

アー・ユー・ハッピー？
are-you-happy.com

ザ・リバティ
the-liberty.com

幸福の科学出版
TEL 03-5573-7700
公式サイト irhpress.co.jp

THE FACT

ザ・ファクト
マスコミが報道しない
「事実」を世界に伝える
ネット・オピニオン番組

Youtubeにて
随時好評配信中！

ザ・ファクト　検索